これからの相続不動産と税務

税理士
小林磨寿美 著

清文社

はしがき

　2019 年 11 月における中国湖北省武漢市での原因不明のウイルス性肺炎の確認を発端に、世界各国に新型コロナウイルス感染症（COVID-19）の流行が拡大しました。この感染症の流行は、当初、日本経済にも大不況をもたらすものと考えられていました。しかし、2020 年 4～6 月期の実質ＧＤＰ（2 次速報値）は前期比▲7.9％（年率▲28.1％）となったものの、2020 年 7～9 月期の実質 GDP 成長率は、前期比 5.3％（年率 22.9％）のプラス成長に転じました。この回復はいわゆるＫ字回復といわれ、感染症の流行前から始まっていた経済の二極化が更に進むこととなりました。

　このような社会の変容の加速は、不動産の相続についても、大きな影響を及ぼしています。

　たとえば、令和 3 年分の路線価の発表において、全国平均が 6 年ぶりに昨年を下回りました。しかし、開発計画があるところなどでは前年の路線価を上回る結果となっています。もっと顕著なのは、賃貸不動産についてです。都内ではオフィス需要の減退により、空室率は上昇傾向で推移していますが、横浜市などでは空室率が低下傾向にあり、優良物件に対する需要は依然として高く推移しています。

　また、不動産の取引市場において、一般の取引市場の他に、投資不動産市場が以前より出現しており、タワーマンションに代表される不動産価額の上昇は、その相続税評価額との間に乖離を生じさせています。

　投資不動産については節税対策と結びつき、市場の活況を呈することとなりましたが、それに対し、課税当局の強い態度による対応が目立つようになりました。また、会計検査院の報告書により、小規模宅地等の特例が

相続人の生計の資を守るという政策目的に合わない利用がされているとの指摘がされたことにより、税制改正が行われました。

　居住用不動産については、相続法改正にかかる配偶者居住権をめぐり、有利不利だけでない対策が指摘されています。また、被相続人の高齢化についての対策の一つとして、信託を用いた賃貸不動産の管理が注目を集めています。

　このような相続不動産についての様々な問題点について、課税関係を整理する必要が出てきていました。そこで、本書では、賃貸不動産と相続税評価、不動産管理・保有会社スキーム、配偶者居住権、共有不動産と税務、相続不動産と譲渡、居住用不動産と空き家相続、信託と賃貸不動産、海外不動産の存在、賃貸不動産と準確定申告、そして、相続不動産の組み替えというテーマごとに、税務上の論点をまとめました。これにより、相続不動産の税務について、一通りの確認ができることと意図しています。
　本書が実務の一助となること、そして適切な課税が実現されることを祈念いたします。

　令和3年12月

税理士　**小林　磨寿美**

目　次

I　賃貸不動産と相続税評価

II　不動産管理・保有会社スキーム

Ⅲ　配偶者居住権

V 相続不動産と譲渡

VI 居住用不動産と空き家相続

Ⅷ　海外不動産の存在

IX　賃貸不動産と準確定申告

X　相続不動産の組み替え

凡　例

相法	相続税法
相令	相続税法施行令
相規	相続税法施行規則
相基通	相続税法基本通達
評価通達	財産評価基本通達
民	民法
所法	所得税法
所令	所得税法施行令
所基通	所得税基本通達
耐用年数省令	減価償却資産の耐用年数等に関する省令
措法	租税特別措置法
措令	租税特別措置法施行令
措規	租税特別措置法施行規則
措通	租税特別措置法関係通達
消法	消費税法
消令	消費税法施行令
消基通	消費税法基本通達
法法	法人税法
地法	地方税法
地則	地方税法施行規則
登免法	登録免許税法
不登法	不動産登記法

最判平 5.10.28	平成 5 年 10 月 28 日最高裁判所判決
東京高判令 2.6.24	令和 2 年 6 月 24 日東京高等裁判所判決
東京地判令元.8.27	令和元年 8 月 27 日東京地方裁判所判決
平 23.7.1 裁決	平成 23 年 7 月 1 日国税不服審判所裁決

裁事 54-210	裁決事例集第 54 集 210 頁
F0-3-326	TAINS コード F0-3-326

〈条数等の略記〉相法 23 の 2 ①一　　相続税法第 23 条の 2 第 1 項第 1 号

（注）本書の内容は、令和 3 年 12 月 1 日現在の法令等に基づいています。

I

賃貸不動産と相続税評価

1 高収益不動産と総則6項

1 問題の所在

　令和元年11月、一般新聞紙面において、「相続税で「路線価」を否定」という見出しが踊りました（日本経済新聞電子版 令和元年11月18日21：40）。節税目的で被相続人が生前に取得したとされた東京都内及び川崎市に所在するマンションの評価についての、東京地裁令和元年8月27日判決についての記事です。その後、高裁（東京高判令2.6.24）においても地裁の判断が維持されたことより、この判断をどのように受け止めるべきかという戸惑いの声が湧き上がりました。

　そもそも、このようなマンションの評価に関し課税処分が行われた背景には、平成12年（2000年）頃から始まったタワーマンションによる相続税の節税ブームがあります。タワーマンションは、販売価額と固定資産税評価額に開きがあり、特に上層階はその開きが大きいこと、各部屋の土地の専有面積が小さいことから、全体として相続税評価額と時価との差額が大きくなるという実態があります。そこで、ここに着目したデベロッパーやコンサルティング会社等が、富裕層に対し節税商品としてタワーマンション購入を提案することが広く行われてきました。

2 実際の否認例

　タワーマンションについての相続税評価額と時価との乖離を利用した節税策に対して、課税庁側は、鑑定評価額により、納税者が算定した評価通

達に基づく評価額を否認するという例が生じました。つまり、「評価通達によらないことが相当と認められる特別の事情」があるとして、財産評価基本通達6項（いわゆる総則6項）を適用して否認したのです。

　最近の実際の否認事例を2例あげます。

納税者が被相続人に無断で行ったタワーマンション購入が問題となった事案（平23.7.1裁決・東裁（諸）平23-1・F0-3-326）

> 対象となる不動産：タワーマンション30階の1室
> 事実関係：
>
> | | |
> |---|---|
> | 平18.6頃 | 被相続人認知症発症？（以下相続人による無権代理行為） |
> | 平19.8 | 物件購入　購入価額　2億9,300万円 |
> | （購入日の翌日） | 売却依頼の一般媒介契約締結 |
> | 平19.9頃 | 相続開始　評価額　5,801万8,224円 |
> | | （土地4,118万円・建物1,683万円） |
> | 平20.7 | 物件譲渡　転売価額　2億8,500万円 |
>
> 取得した不動産からの収入：なし（未利用）
> 不動産取得のための負債：記述なし
> 評価通達によらないことが相当と認められる特別の事情：
>
> 　　納税者は、評価基本通達による不動産評価額が実勢価格よりも低く、本件マンションの購入価額と本件マンションの評価額との差額が多額であることを認識しながら、当該差額234,981,776円について、本件相続税の課税価格を圧縮し相続税の負担を回避するために、■■■■■■、自己の行為の結果を認識するに足る能力を欠いていた本件被相続人の名義を無断で使用し、本件売買契約に及んだものであることは、これを優に認めることができる。そして、

このような場合に、評価基本通達に基づき本件マンションを評価することは、相続開始日前後の短期間に一時的に財産の所有形態がマンションであるにすぎない財産について実際の価値とは大きく乖離して過少に財産を評価することとなり、納税者間の実質的な租税負担の平等を害することとなるから、上記の事情は、評価基本通達によらないことが正当として是認されるような特別の事情に該当する。

認定された評価額：取得価額

首都圏の高収益不動産について原処分庁が鑑定評価額により否認した事案（平 29.5.23 裁決・札裁（諸）平 28-15・J107-4-07、東京地判令元.8.27・Z888-2271、東京高判令 2.6.24）

対象となる不動産：都内（杉並区）及び川崎市に所在する高層賃貸用
　　　　　　　　　共同住宅

事実関係：

平 20.8	被相続人と二男長男である孫とが養子縁組
平 21.1	銀行借入（稟議書に相続税対策のためと明記）
	甲不動産購入　購入価額 約 8 億 3,700 万円
平 21.12	銀行借入
	乙不動産取得　　購入価額 約 5 億 5,000 万円
平 24.6	相続開始　甲不動産評価額 2 億円
	乙不動産評価額 1 億 3,366 万円
	養子が遺言により上記不動産と債務の全部を承継
平 25.3	乙不動産譲渡　売却価額 約 5 億 1,000 万円
平 28.4	札幌南税務署長による更正処分等

取得した不動産からの収入：金額の記載なし

不動産取得のための負債：購入資金相当

評価通達によらないことが相当と認められる特別の事情：

　　本件各不動産の鑑定評価額と通達評価額との3、4倍の開差について、それ自体が大きなものと認められる。これで生じる税額の差や、被相続人や納税者らがあえて、近い将来発生することが予想される被相続人の相続で、本件各不動産の購入や借入れが相続税の負担を減じ又は免れさせるものであることを知り、それを期待して、これらを企画、実行した。その結果、借入れと不動産の購入がなければ、本件相続の課税価格は6億円超であったにもかかわらず、本件通達評価額を前提とする申告で課税価格は2,826万円にとどまり、基礎控除により相続税は課されないことになった。

　　被相続人及び納税者らは、本件各不動産の購入及び本件各借入れを、本件被相続人及び管理会社の事業承継の過程の一つと位置付けつつも、それらが近い将来発生することが予想される本件被相続人の相続において納税者らの相続税の負担を減じ又は免れさせるものであることを知り、かつ、それを期待して、あえてそれらを企画して実行したと認められ、これを覆すに足りる証拠は見当たらない。

認定された評価額：収益還元法による収益価格を標準に求めた鑑定評価額

3 総則6項の位置付けと適用要件

　ここで確認すべきは総則6項がどのような場合に適用されるかということです。

　そもそも相続税法では、第3章において財産の評価について定めてお

り、22条（評価の原則）で「この章で特別の定めのあるものを除くほか、相続、遺贈又は贈与により取得した財産の価額は、当該財産の取得の時における時価により、当該財産の価額から控除すべき債務の金額は、その時の現況による。」としています。しかし、財産を時価で評価することは容易ではないため、財産評価基本通達において、相続税及び贈与税の課税価格計算の基礎となる財産の評価に関する基本的な取扱いが定められました。

評価通達では、第1章に総則を置き、1項（評価の原則）の（2）時価の意義では、「財産の価額は、時価によるものとし、時価とは、課税時期（相続、遺贈若しくは贈与により財産を取得した日若しくは相続税法の規定により相続、遺贈若しくは贈与により取得したものとみなされた財産のその取得の日又は地価税法第2条（定義）第4号に規定する課税時期をいう。以下同じ。）において、それぞれの財産の現況に応じ、不特定多数の当事者間で自由な取引が行われる場合に通常成立すると認められる価額をいい、その価額は、この通達の定めによって評価した価額による。」としています。つまり、「時価＝評価通達の定めによって評価した価額」です。

一方、評価通達では、6項（この通達の定めにより難い場合の評価）において、「この通達の定めによって評価することが著しく不適当と認められる財産の価額は、国税庁長官の指示を受けて評価する。」としています。「時価＝評価通達の定めによって評価した価額」という大原則に対する例外規定となります。

この両者の関係はどのようになるのでしょうか。東京地裁平成4年3月11日判決（Z188-6866）では、まず、評価通達の位置付けとして、「客観的な交換価格というものが必ずしも一義的に確定されるものではないことから、課税実務上は、相続財産評価の一般的基準が評価通達によって定められ、そこに定められた画一的な評価方式によって相続財産を評価することとされている。これは、相続財産の客観的な交換価格を個別に評価する

方法をとると、その評価方式、基礎資料の選択の仕方等により異なった評価価額が生じることを避け難く、また課税庁の事務負担が重くなり、課税事務の迅速な処理が困難となるおそれがあること等からして、あらかじめ定められた評価方式によりこれを画一的に評価する方が、納税者間の公平、納税者の便宜、徴税費用の節減という見地からみても合理的であるという理由に基づくものと解される。」としています。つまり、評価通達により評価することについて、納税者間の公平、納税者の便宜、徴税費用の節減という見地からの合理性をあげています。

　そして、納税者が行う評価通達によらない評価方法については、「たとえその方式による評価額がそれ自体としては相続税法22条の定める時価として許容できる範囲内のものであったとしても、納税者間の実質的負担の公平を欠くことになり、許されないものというべきである。」としています。あたかも、評価通達が法令の上にあるかのようです。もっとも、「右の評価方式を画一的に適用するという形式的な平等を貫くことによって、かえって実質的な租税負担の公平を著しく害することが明らかな場合には、別の評価方式によることが許されるものと解すべき」とし、それが総則6項からも明らかとしています。

　国税庁所管の税務大学校の論文では、総則6項の適用要件は、次のようになるとされています（「相続税法64条と財産評価基本通達6項との関係について―取引相場のない株式を中心として―」加藤　浩　税大論叢94・平30.6）。

　①　評価対象財産について、評価通達に定めがあること
　②　①の定めによって評価することが著しく不適当であること
　③　国税庁長官の指示があること
　④　評価通達以外の合理的な評価方法が存在すること

　③は、上級行政機関が関係下級行政機関及び職員に対してその職務権限の行使を指揮し、職務に関して命令するために発するものである通達によ

り評価しないことについて、歯止めを持たせたものと考えます。①と④は評価通達の定めがあるがそれ以外に合理的な評価方法が存在することなので、評価通達以外の方法で評価する場合の当たり前の前提です。

したがって、ここのポイントは、②の評価通達の定めによって評価することが著しく不適当という要件です。つまり「著しく不適当」の認定無しには、評価通達で評価したことについて、否認することはできません。そしてこの著しく不適当ということが、評価通達によらないことが相当と認められる特別の事情がある場合となります。

4 過去の総則6項の適用事案と最近の事案の特徴

総則6項が相続不動産の評価の場面で多く適用されたのは、実はバブル期の地価高騰の局面でした。代表的なものに、リクルートコスモス社関与による事案があります（東京地判平4.3.11・Z188-6866、東京高判平5.1.26・Z194-7061、最判平5.10.28・Z199-7217）。

対象となる不動産は東京都江戸川区所在のマンション11戸であり、その購入価額は、7億5,850万円、購入より約2月後に相続開始となり、相続人らは1億3,170万7,319円として評価して相続税の申告をしました。取得した不動産からの収入は、賃貸月額166万4,000円、不動産取得のための借入金は8億円で利率年7.2%、月額利子は480万円にものぼります。相続人らは、相続開始から1年も経たないうちに、これらを7億7,400万円で転売しました。

判決では、評価通達によらないことが相当と認められる特別の事情として、被相続人が相続開始直前に借入れた資金で不動産を購入し、相続開始直後に右不動産が相続人によってやはり当時の市場価格で他に売却され、その売却金によって右借入金が返済されているため、相続の前後を通じて事柄の実質を見ると当該不動産がいわば一種の商品のような形で一時的に

相続人及び被相続人の所有に帰属することとなったに過ぎないとも考えられるとして、不動産の市場における現実の交換価格である購入価額を評価額として認定しました。

バブル期における否認事例は、バブルという土地の高騰時における評価通達による評価方法自体に問題があったとも考えられ、そこで、昭和63年1月1日より、相続開始前3年以内に取得した相続財産である不動産の価額を取得価額により評価するという個別否認規定、旧租税特別措置法69条の4の規定が設けられました。

バブル期における否認事例では、上記のように、不動産保有についての経済的合理性が問題となるものが多く見受けられました。

これに対し、最近の総則6項による否認事例は、高収益投資物件について、いわば狙い撃ちにしたものです。その背景として、一般の不動産市場とは別に、投資用不動産相場の存在があります。否認事例は、そのような投資用不動産相場の存在を効果的に利用して、相続税の節税を実現したという特徴があります。いずれも、購入する投資用不動産は高収益物件であり、不動産保有について、一応の経済的合理性が存在します。

つまり、総則6項が適用されたのは、他の納税者との税負担の公平性という観点からであり、相続税対策の存在と「同様の軽減策を採らなかった他の納税者との間の租税負担の公平を著しく害し、富の再分配機能を通じて経済的平等を実現するという相続税の目的に反する著しく不公平」であるということです。

裁判例、裁決例で指摘されていることは次のようなことです。
①　被相続人が高齢であったか、健康状態に問題があったか
②　相続税軽減対策の一環として不動産の取得が行われたか
③　借入金により不動産が取得されたか
④　相続開始後、不動産を売却したか
⑤　引き続き不動産を所有することが予定されていないものであるか

⑥　不動産を取得しなかった場合と比べて、どのくらい相続税の納税額
　が軽減したか

　もちろん、経済的合理性のない不動産の取得については否認材料とされ
ますが、一定の経済的合理性があっても、それは免罪符とはならないこと
に留意すべきです。

　なお、平成 29 年度の税制改正において、高さが 60m を超える建築物
（建築基準法 20 条の「超高層建築物」）のうち、複数の階に住戸が所在し
ているものを「居住用超高層建築物」と定義し、居住の用に供する専有部
分について、取引価格の動向を勘案して床面積を補正することなどによっ
て、各部屋の固定資産税評価額を調整することとされました（地法 352
②、地則 15 の 3 の 2・7 の 3 の 2）。しかし、タワーマンションでは、各
部屋の土地の専有面積が小さいことによる評価通達による評価額と時価と
の乖離や、高収益投資物件についての評価通達による評価額と時価との乖
離については、対応がなされていません。

　5 頁の裁判例は、首都圏の高収益不動産について原処分庁が鑑定評価額
により否認した事案ですが、これにより、相続開始後除斥期間が過ぎるま
では売却しなければいいのかとか、相続税対策である証拠を掴まれなけれ
ばいいのか、借入金との紐付き関係がなければいいのか、収益還元法によ
る鑑定評価額との乖離がどの程度であればいいのかという、不動産業界か
らの相談が殺到したといいます。

　しかし、上述のように最近の否認理由は相続税対策の存在と納税者間の
著しい不公平にあります。つまり乖離率だけみればいいというものではあ
りません。それをもって個別事案にあたってみる必要があります。

　なお、バブル期における適用例では、相続税の申告書を作成した税理士
が、申告に当たり、①相続財産である土地の取得時期と相続開始時期が近
接していること、②土地の購入資金は借入金により賄われていること、③
その土地の現実の取得価額と評価通達に定める路線価方式等による評価額

との開差が著しいことなどを理由に、その土地をその取得価額の70％で評価するように勧めたが、納税者がこれを拒否したというものがあります（東京地判平 4.7.29・Z192-6947、東京高判平 5.3.15・Z194-7095）。税務専門家としては、節税策を取りたい納税者に対し、中立的な立場からの適切なアドバイスを行うことも重要であると考えます。

2 小規模宅地等と貸付事業用宅地等及び特定事業用宅地等

1 タワマン節税と貸付事業用宅地等及び特定事業用宅地等の適用範囲の見直し

　タワーマンションを利用した相続税の節税は、上記のように不動産の相続税評価額と時価との乖離を利用するとともに、小規模宅地等の減額特例の対象となる貸付事業用宅地等として、さらに評価額の減額を狙うものでした。

　つまり、相続開始前に貸付用不動産を購入して金融資産を不動産に変換することで、金融資産で保有する場合に比して相続税評価額が圧縮され、かつ、小規模宅地等の特例も適用できることとなります。投資用不動産の活況の背景には、低金利とともに、このような不動産節税策があると考えられています。会計検査院により、平成29年11月に公表された「租税特別措置（相続税関係）の適用状況等について」という報告書においても、この小規模宅地等の減額特例について、相続人の事業の継続に配慮するという政策目的に反し、短期間しか保有していないケースが見受けられると指摘されています。

　上記の問題に対応するため、平成30年度の税制改正において、相続開始前3年以内に新たに貸付事業の用に供された宅地等が小規模宅地等の特例の適用対象から除外されました。

　また、令和元年度の税制改正により、特定事業用宅地等についても、節税を目的とした駆け込み的な適用など、本来の趣旨を逸脱した適用を防止するための最小限の措置が講じられました。

13

2 制度の確認

　小規模宅地等の減額特例とは、個人が、相続や遺贈によって取得した財産のうち、その相続開始の直前において被相続人又は被相続人と生計を一にしていた被相続人の親族（以下「被相続人等」といいます）の事業の用又は居住の用に供されていた宅地等（土地又は土地の上に存する権利をいいます）のうち一定のものがある場合には、その宅地等のうち一定の面積までの部分については、相続税の課税価格に算入すべき価額の計算上、その区分ごとに一定の割合を減額します。

　なお、相続時精算課税に係る贈与によって取得した宅地等及び「個人の事業用資産についての贈与税の納税猶予及び免除」の適用を受けた特例事業受贈者に係る贈与者又は「個人の事業用資産についての相続税の納税猶予及び免除」の適用を受ける特例事業相続人等に係る被相続人から相続又は遺贈により取得した特定事業用宅地等については、この特例の適用を受けることはできません。

　減額割合等は次のとおりです。

相続開始の直前における宅地等の利用区分

相続開始の直前における宅地等の利用区分		要　件	限度面積	減額割合
被相続人等の事業の用に供されていた宅地等				
貸付事業以外の事業用の宅地等 （措法 69 の 4 ③一）		①特定事業用宅地等に該当する宅地等	400m²	80%
貸付事業用の宅地等				
	一定の法人に貸し付けられ、その法人の事業（貸付事業を除く）用の宅地等（措法 69 の 4 ③三）	②特定同族会社事業用宅地等に該当する宅地等	400m²	80%
		③貸付事業用宅地等に該当する宅地等	200m²	50%
	一定の法人に貸し付けられ、その法人の貸付事業用の宅地等（措法 69 の 4 ③四）	④貸付事業用宅地等に該当する宅地等	200m²	50%
	被相続人等の貸付事業用の宅地等（措法 69 の 4 ③四）	⑤貸付事業用宅地等に該当する宅地等	200m²	50%
被相続人等の居住の用に供されていた宅地等（措法 69 の 4 ③二）		⑥特定居住用宅地等に該当する宅地等	330m²	80%

（注 1）「一定の法人」とは、相続開始の直前において被相続人及び被相続人の親族等※1 が法人の発行済株式の総数又は出資の総額※2 の 50% 超を有している場合におけるその法人（相続税の申告期限において清算中の法人を除きます）をいいます。

　　※ 1 　被相続人の親族等とは、被相続人の親族及びその被相続人と租税特別措置法施行令 40 条の 2 第 16 項に定める特別の関係がある者

をいいます。

※2　発行済株式の総数又は出資の総額には、法人の株主総会又は社員総会において議決権を行使できる事項の全部について制限された租税特別措置法施行規則23条の2第6項又は第7項に規定する株式又は出資は含まれません。

（注2）　特例の適用を選択する宅地等が以下のいずれに該当するかに応じて、限度面積を判定します。

貸付事業用宅地等がない場合：（①＋②）≦ 400m²、⑥≦ 330m²

両方選択の場合は合計 730m²

貸付事業用宅地等がある場合：（①＋②）×200/400＋⑥×200/330＋（③＋④＋⑤）≦ 200m²

③ 貸付事業用宅地等

　上記のうち、貸付事業用宅地等は、相続開始の直前において被相続人等の事業（不動産貸付業、駐車場業、自転車駐車場業及び準事業[1] に限ります。以下「貸付事業」といいます）の用に供されていた宅地等（その相続の開始前3年以内に新たに貸付事業の用に供された宅地等（「3年以内貸付宅地等」といいます）[2,3] を除きます）で、次の表の区分に応じ、それぞれに掲げる要件の全てに該当する被相続人の親族が相続又は遺贈により取得したものをいいます（次の区分に応じ、それぞれに掲げる要件の全てに該当する部分で、それぞれの要件に該当する被相続人の親族が相続又は遺贈により取得した持分の割合に応ずる部分に限られます）。

貸付事業用宅地等の要件

被相続人の貸付事業の用に供されていた宅地等（3年以内貸付宅地等を除く）	
事業承継要件	その宅地等に係る被相続人の貸付事業を相続税の申告期限までに引き継ぎ、かつ、その申告期限までその貸付事業を行っていること。
保有継続要件	その宅地等を相続税の申告期限まで有していること。
被相続人と生計を一にしていた被相続人の親族の貸付事業の用に供されていた宅地等	
事業継続要件	相続開始前から相続税の申告期限まで、その宅地等に係る貸付事業を行っていること。
保有継続要件	その宅地等を相続税の申告期限まで有していること。

※1　「準事業」とは、事業と称するに至らない不動産の貸付けその他これに類する行為で相当の対価を得て継続的に行うものをいいます。

※2　相続開始前3年以内に新たに貸付事業の用に供された宅地等であっても、相続開始の日まで3年を超えて引き続き特定貸付事業（貸付事業のうち準事業以外のものをいいます）を行っていた被相続人等のその特定貸付事業の用に供された宅地等については、3年以内貸付宅地等に該当しません。

※3　所得税法等の一部を改正する法律（平成30年法律第7号）附則により、平成30年4月1日から令和3年3月31日までの間に相続又は遺贈により取得した宅地等のうち、平成30年3月31日までに貸付事業の用に供された宅地等については、3年以内貸付宅地等に該当しないものとする経過措置が設けられています。

　また、令和元年度改正により、被相続人が相続開始前3年以内に開始した相続又は遺贈により貸付事業の用に供されていた宅地等を取得し、かつ、その取得の日以後当該宅地等を引き続き貸付事業の用に供した場合における当該宅地等は、新たに貸付事業の用に供された宅地等には該当しないものとされ（措令40の2⑳）、先代がその相続開始の日まで引き続き特定貸付事業を行ってきた期間は、被相続人が特定貸付事業の用に供していた期間とみなされることとなりました（特定貸付事業期間の通算）（措令40の2㉑）。

　さらに、租税特別措置法の改正通達では、新たに事業の用に供されたか否かの判定（措通 69 の 4-20 の 2）、政令で定める規模以上の事業の意義等（同 69 の 4-20 の 3）、相続開始前 3 年を超えて引き続き事業の用に供されていた宅地等の取扱い（同 69 の 4-20 の 4）が明らかにされています。

4 特定事業用宅地等

　相続開始の直前において被相続人等の事業（貸付事業を除きます）の用に供されていた宅地等（その相続の開始前 3 年以内に新たに事業の用に供された宅地等（「3 年以内事業宅地等」といいます）[※1、2] を除きます）で、次の表の区分に応じ、それぞれに掲げる要件の全てに該当する被相続人の親族が相続又は遺贈により取得したものをいいます（次の表の区分に応じ、それぞれに掲げる要件の全てに該当する部分で、それぞれの要件に該当する被相続人の親族が相続又は遺贈により取得した持分の割合に応ずる部分に限られます）。

特定事業用宅地等の要件

被相続人の事業の用に供されていた宅地等（3 年以内事業宅地等を除く）	
事業承継要件	その宅地等の上で営まれていた被相続人の事業を相続税の申告期限までに引き継ぎ、かつ、その申告期限までその事業を営んでいること。
保有継続要件	その宅地等を相続税の申告期限まで有していること。
被相続人と生計を一にしていた被相続人の親族の事業の用に供されていた宅地等	
事業継続要件	相続開始の直前から相続税の申告期限まで、その宅地等の上で事業を営んでいること。
保有継続要件	その宅地等を相続税の申告期限まで有していること。

※1 相続開始前3年以内に新たに事業の用に供された宅地等であっても、一定の規模以上の事業を行っていた被相続人等の事業の用に供された宅地等については、3年以内事業宅地等に該当しません。

　　　なお、上記の「一定の規模以上の事業」については、**6❷**をご参照ください。

※2 所得税法等の一部を改正する法律（平成31年法律第6号）附則により、平成31年4月1日から令和4年3月31日までの間に相続又は遺贈により取得した宅地等のうち、平成31年3月31日までに事業の用に供された宅地等については、3年以内事業宅地等に該当しないものとする経過措置が設けられています。

（注）　被相続人から相続又は遺贈により財産を取得した人が、特定事業用宅地等についてこの特例の適用を受ける場合には、その人を含め、その被相続人から相続又は遺贈により財産を取得した人の全てが、「個人の事業用資産についての相続税の納税猶予及び免除」の適用を受けることができません。

5 特定同族会社事業用宅地等

　相続開始の直前から相続税の申告期限まで一定の法人※の事業（貸付事業を除きます）の用に供されていた宅地等で、次の表に掲げる要件の全てに該当する被相続人の親族が相続又は遺贈により取得したものをいいます（一定の法人の事業の用に供されている部分で、次の表に掲げる要件の全てに該当する被相続人の親族が相続又は遺贈により取得した持分の割合に応ずる部分に限られます）。

特定同族会社事業用宅地等の要件

一定の法人の事業の用に供されていた宅地等	
法人役員要件	相続税の申告期限においてその法人の役員（法人税法2条15号に規定する役員（清算人を除きます）をいいます）であること。
保有継続要件	その宅地等を相続税の申告期限まで有していること。

※　一定の法人とは、相続開始の直前において被相続人及び被相続人の親族
　等*1が法人の発行済株式の総数又は出資の総額*2の50％超を有している場
　合におけるその法人（相続税の申告期限において清算中の法人を除きます）
　をいいます。
　　＊1　被相続人の親族等とは、被相続人の親族及びその被相続人と租税特別
　　　措置法施行令40条の2第16項に定める特別の関係がある者をいいます。
　　＊2　発行済株式の総数又は出資の総額には、法人の株主総会又は社員総会
　　　において議決権を行使できる事項の全部について制限された租税特別措
　　　置法施行規則23条の2第6項又は第7項に規定する株式又は出資は含ま
　　　れません。

6 新たに事業の用に供されたか否かの判定等

　新たに事業の用に供されたか否かの判定等については、令和元年度税制
改正に伴い一部改正された租税特別措置法関係通達及び資産課税課情報第
17号「相続税法基本通達等の一部改正について（法令解釈通達）のあら
まし（情報）」（令和元年11月5日）において明らかにされています。

❶ 新たに事業の用に供されたか否かの判定

　措置法69条の4第3項1号の「新たに事業の用に供された宅地等」に
ついて、措置法通達では次のような留意点をあげています（措通69の
4-20の2）。
ア　「新たに事業の用に供された宅地等」とは、ⅰ）事業の用以外の用に
　供されていた宅地等が事業の用に供された場合の当該宅地等、又はⅱ）
　宅地等若しくはその上にある建物等につき「何らの利用がされていない
　場合」の宅地等が事業の用に供された場合の当該宅地等をいうことにな
　ること
イ　「新たに事業の用に供された宅地等」の例
　　居住の用又は貸付事業の用に供されていた宅地等が事業の用に供され

た場合の当該事業の用に供された部分

ウ　「新たに事業の用に供された宅地等」に該当しないものの例

　　事業の用に供されていた宅地等が他の事業の用に供された場合の当該他の事業の用に供された部分

エ　「何らの利用がされていない場合」の宅地等に該当しないものの例

　　次に掲げる場合のように、事業に係る建物等が一時的に事業の用に供されていなかったと認められるときの、当該建物等に係る宅地等

　(i)　継続的に事業の用に供されていた建物等につき建替えが行われた場合において、建物等の建替え後速やかに事業の用に供されていたとき（当該建替え後の建物等を事業の用以外の用に供していないときに限ります）

　(ii)　継続的に事業の用に供されていた建物等が災害により損害を受けたため、当該建物等に係る事業を休業した場合において、事業の再開のための当該建物等の修繕その他の準備が行われ、事業が再開されていたとき（休業中に当該建物等を事業の用以外の用に供していないときに限ります）

❷ 政令で定める規模以上の事業の意義等

　措置法令40条の2第8項で定める規模以上の事業は、次に掲げる算式を満たす場合における当該事業（以下「特定事業」といいます）とされています（措通69の4-20の3）。

　なお、特定事業に該当するか否かの判定は、下記の特定宅地等ごとに行うこととされます。

（算式）

$$\frac{\text{事業の用に供されていた減価償却資産}^{※1}\text{のうち被相続人等が有していたもの}^{※2}\text{の相続の開始の時における価額の合計額}}{\text{新たに事業の用に供された宅地等（以下「特定宅地等」といいます）}^{※3}\text{の相続開始の時における価額}} \geqq \frac{15}{100}$$

※１　「減価償却資産」とは、特定宅地等に係る被相続人等の事業の用に供されていた次に掲げる資産をいい、当該資産のうちに当該事業の用以外の用に供されていた部分がある場合には、当該事業の用に供されていた部分に限ります。

　　ア　特定宅地等の上に存する建物（その附属設備を含みます）又は構築物

　　イ　所得税法２条１項19号《定義》に規定する減価償却資産で特定宅地等の上で行われる当該事業に係る業務の用に供されていたもの（上記アに掲げるものを除きます）

　　　なお、当該事業が特定宅地等を含む一の宅地等の上で行われていた場合には、特定宅地等を含む一の宅地等の上に存する建物（その附属設備を含みます）又は構築物のうち当該事業の用に供されていた部分並びに上記イの減価償却資産のうち特定宅地等を含む一の宅地等の上で行われる当該事業に係る業務の用に供されていた部分（当該建物及び当該構築物を除きます）は、上記ア又はイに掲げる資産にそれぞれ含まれます。

　　　また、上記イに掲げる資産が、共通して当該業務及び当該業務以外の業務の用に供されていた場合であっても、当該資産の全部が上記イに掲げる資産に該当します。

　　　おって、「事業の用に供されていた減価償却資産」に該当するか否かの判定は、特定宅地等を新たに事業の用に供した時ではなく、相続開始の直前における現況によって行います。したがって、例えば、特定宅地等を新たに事業の用に供した後に被相続人等が取得した上記イに掲げる資産も上記算式の分子に含まれます。

※２　「被相続人等が有していたもの」は、事業を行っていた被相続人又は事業を行っていた生計一親族（被相続人と生計を一にしていたその被相続人の親族をいいます）が、自己の事業の用に供し、所有していた減価償却資産です。

※３　「特定宅地等」は、相続開始の直前において被相続人が所有していた宅地等であり、当該宅地等が数人の共有に属していた場合には当該被相続人の有していた持分の割合に応ずる部分です。

この通達について、資産課税課情報では、設例として次の**（事例1）**〜**（事例4）**をあげています。

【設例】

> **（事例1）事業の用以外の用に供されていた部分がある場合の特定事業の判定**
>
> 問　被相続人甲は、その相続開始前3年以内に宅地等（600㎡）と建物を取得し、取得後直ちに下図のように利用し、相続開始直前まで居住の用及び事業の用に供していた。この場合の措置法令第40条の2第8項に定める規模以上の事業（特定事業）は、どのように計算して判定するのか。
>
>
>
> ● 建物の相続税評価額　7,000,000円
>   宅地等の相続税評価額　20,000,000円
> ● 建物（1F）で甲の事業に係る業務で使用していた甲所有の機械装置の相続税評価額　1,000,000円
>
> ───────────────
>
> 本事例における特定事業の判定は次のとおりとなる。

1　減価償却資産のうち事業の用に供されていた部分で被相続人が有
していたものの相続開始時の価額（分子）

$$7,000,000 円 \text{（建物の価額）} \times \frac{200 \text{（1F 部分の床面積）}}{400 \text{（建物の総床面積）}} + 1,000,000 円 \text{（機械装置の価額）}$$

$$= 4,500,000 円 \text{（減価償却資産の価額の合計額）}$$

2　宅地等のうち新たに事業の用に供された部分の相続開始時の価額
（分母）

① 宅地等のうち新たに事業の用に供された部分（特定宅地等）

$$600㎡ \text{（宅地等の面積）} \times \frac{200 \text{（1F 部分の床面積）}}{400 \text{（建物の総床面積）}} = 300㎡ \text{（特定宅地等の面積）}$$

② ①の相続開始時の価額

$$20,000,000 円 \text{（宅地等の価額）} \times \frac{300 \text{（特定宅地等の面積）}}{600 \text{（宅地等の面積）}} = 10,000,000 円 \text{（特定宅地等の価額）}$$

3　特定事業の判定

$$\frac{4,500,000 円 \text{（減価償却資産の価額の合計額）}}{10,000,000 円 \text{（特定宅地等の価額）}} = 0.45 \geqq 0.15$$

したがって、当該事業は特定事業に該当することとなり、上記2の
新たに事業の用に供された部分（300㎡）について、他の要件を満た
す場合には、特定事業用宅地等に該当することとなる。

**（事例2）事業を行っていた者が宅地等を新たに同じ事業の用に供し
た場合の特定事業の判定**

問　被相続人甲は、その相続開始の5年前から自己の所有する宅地等
（600㎡）の上に建物1棟を所有し、1F部分を事業の用に、2F部分
を居住の用に供していたが、相続開始前3年以内に、居住の用に供

していた 2F 部分を、新たに、1F 部分と同じ事業の用に供することとし、相続開始直前まで引き続き事業の用に供していた。この場合の措置法令第 40 条の 2 第 8 項に定める規模以上の事業（特定事業）は、どのように計算して判定するのか。

● 建物の相続税評価額 1,500,000 円

　宅地等の相続税評価額 15,000,000 円

● 宅地等の上で行われる甲の事業に係る業務で使用していた甲所有の車両の相続税評価額 500,000 円

本事例における特定事業の判定は次のとおりとなる。

1　減価償却資産のうち事業の用に供されていた部分で被相続人が有していたものの相続開始時の価額（分子）

　　1,500,000 円（建物の価額）＋ 500,000 円（車両の価額）

　　＝ 2,000,000 円（減価償却資産の価額の合計額）

（注）　1F 部分の事業と 2F 部分の事業は同一の事業であるため、建物及び車両の価額の全てが分子に算入される。

2　宅地等のうち新たに事業の用に供された部分の相続開始時の価額（分母）

　①　宅地等のうち事業の用に供されていた部分 600㎡（宅地等の面積）

② ①の相続開始時の価額 15,000,000 円（宅地等の価額）

③ ①の宅地等のうち相続開始前 3 年以内に新たに事業の用に供された部分（特定宅地等）

$$\underset{（宅地等の面積）}{600㎡} \times \frac{200（2F 部分の床面積）}{400（建物の総床面積）} = \underset{（特定宅地等の面積）}{300㎡}$$

④ ③の相続開始時の価額

$$\underset{（宅地等の価額）}{15,000,000 円} \times \frac{300（特定宅地等の面積）}{600（宅地等の面積）} = \underset{\substack{（特定宅地等の\\価額）}}{7,500,000 円}$$

3 特定事業の判定

$$\frac{2,000,000 円（減価償却資産の価額の合計額）}{7,500,000 円（特定宅地等の価額）} = 0.2666\cdots \geqq 0.15$$

したがって、当該事業は特定事業に該当することとなり、上記 2 の新たに事業の用に供された部分（300㎡）について、他の要件を満たす場合には、特定事業用宅地等に該当することとなる。

（事例 3）被相続人等の事業が特定宅地等を含む一の宅地等（敷地）の上で行われていた場合の特定事業の判定

問 被相続人甲は、その相続開始の 5 年前から自己の所有する宅地等（300㎡）の上に建物 1 棟を所有し、その建物について下図のように事業の用及び居住の用に供していたが、相続開始前 3 年以内に当該宅地等に隣接する当該建物の敷地の用に供されている宅地等（200㎡）を取得して新たにこれらの用に供し、相続開始直前まで、これらの宅地等を一体として利用していた。この場合の措置法令第 40 条の 2 第 8 項に定める規模以上の事業（特定事業）は、どのように計算して判定するのか。

| 2F | 甲とその配偶者の居住の用
（床面積 200㎡） |
| 1F | 甲の事業の用
（床面積 200㎡） |

甲が所有

| 甲が従来より所有
（300㎡） | 甲が新たに取得
（200㎡） |

- 建物の相続税評価額 7,000,000 円

  宅地等（500）の相続税評価額 15,000,000 円

- 建物（1F）で甲の事業に係る業務で使用していた甲所有の機械装置の相続税評価額 1,000,000 円

本事例における特定事業の判定は次のとおりとなる。

1　減価償却資産のうち事業の用に供されていた部分で被相続人が有していたものの相続開始時の価額（分子）

$$\underset{\text{(建物の価額)}}{7,000,000\,\text{円}} \times \frac{200\,(\text{1F 部分の床面積})}{400\,(\text{建物の総床面積})} + \underset{\text{(機械装置の価額)}}{1,000,000\,\text{円}}$$

= 4,500,000 円（減価償却資産の価額の合計額）

2　宅地等のうち新たに事業の用に供された部分の相続開始時の価額（分母）

①　宅地等のうち事業の用に供されていた部分

$$\underset{\text{(宅地等の面積)}}{500\,㎡} \times 200\,(\text{1F 部分の床面積}) = \underset{\text{(事業部分の宅地等の面積)}}{250\,㎡}$$

② ①の相続開始時の価額

$$15,000,000\text{円} \atop \text{（宅地等の価額）} \times \frac{250 \atop \text{（事業部分の宅地等の面積）}}{500\text{（宅地等の面積）}} = {7,500,000\text{円} \atop \text{（事業部分の宅地} \atop \text{等の価額）}}$$

③ ①の宅地等のうち相続開始前3年以内に新たに事業の用に供された部分（特定宅地等）

$$\frac{250\text{㎡}}{\text{（事業部分の宅}\atop\text{地等の面積）}} \times \frac{200\atop\text{（3年内供用部分の宅地等}\atop\text{の面積）}}{500\text{（宅地等の面積）}} = {100\text{㎡}\atop\text{（特定宅地等の}\atop\text{面積）}}$$

④ ③の相続開始時の価額

$$\frac{7,500,000\text{円}}{\text{（事業部分の宅}\atop\text{地等の価額）}} \times \frac{100\text{（特定宅地等の面積）}}{250\text{（事業部分の宅地等の}\atop\text{面積）}} + {3,000,000\text{円}\atop\text{（特定宅地等の価額）}}$$

3　特定事業の判定

$$\frac{4,500,000\text{円（減価償却資産の価額の合計額）}}{3,000,000\text{円（特定宅地等の価額）}} = 1.5 \geqq 0.15$$

　したがって、当該事業は特定事業に該当することとなり、上記2の新たに事業の用に供された部分（100㎡）について、他の要件を満たす場合には、特定事業用宅地等に該当することとなる。

（事例4）新たに事業の用に供された宅地か否かの判定と特定事業の判定

問　被相続人である父は10年以上前から製造業を営んでおり、相続開始前3年以内に新たに次の宅地を取得し、相続開始直前までそれぞれ事業の用に供していた。これらの宅地は小規模宅地等の特例の特定事業用宅地等の範囲から除かれる「相続開始前3年以内に新たに事業の用に供された宅地等」に該当するか。

- ●規模拡大のため新しい工場の敷地として新たに事業の用に供した甲宅地
- ●事務所の引っ越しにより新しい事務所の敷地として新たに事業の用に供した乙宅地
- ●製造業は継続したまま、多角化の一環として新たに飲食業に進出し、飲食店の敷地として新たに事業の用に供する丙宅地

　令和元年度税制改正により、小規模宅地等の特例の対象となる特定事業用宅地等の範囲から、被相続人等の事業の用に供されていた宅地等で、「相続開始前3年以内に新たに事業の用に供されたもの」を除くこととされたが、当該宅地等の上で被相続人等が政令で定める規模以上の事業を行っていた場合のその宅地等については、相続開始前3年以内に新たに事業の用に供されたものであっても特定事業用宅地等の範囲から除かれないこととされた（措法69の4③一）。

　事例における甲宅地、乙宅地、丙宅地については、いずれも相続開始前3年以内に新たに事業の用に供されたものであるが、それらの宅地について、それぞれ次の算式を満たす場合のその事業の用に供された宅地等については、この「相続開始前3年以内に新たに事業の用に供された宅地等」に該当しないこととなり、他の要件を満たす限りにおいて、特定事業用宅地等に該当することとなる。

（算式）

$$\frac{\text{下記の事業の用に供されていた一定の資産}^{(注)}\text{のうち被相続人等が有していたものの相続開始時の価額の合計額}}{\text{新たに事業の用に供された宅地等の相続開始時の価額}} \geqq \frac{15}{100}$$

（注）　上記の「一定の資産」とは、次に掲げる資産（その資産のうちにその事業の用以外の用に供されていた部分がある場合には、その事業の用に供されていた部分に限る。）をいう。

①　その宅地等の上に存する建物（その附属設備を含む。）又は構築物
②　所得税法第2条第1項第19号に規定する減価償却資産でその宅地等の上で行われるその事業に係る業務の用に供されていたもの（上記①に掲げるものを除く。）
（措法69の4、措令40の2、措通69の4-20の2、3）

❸ 相続開始前3年を超えて引き続き事業の用に供されていた宅地等の取扱い

　相続開始前3年を超えて引き続き被相続人等の事業の用に供されていた宅地等については、「措置法令第40条の2第8項に定める規模以上の事業を行っていた被相続人等の事業」以外の事業に係るものであっても、措置法69条の4第3項1号イ又はロに掲げる要件を満たす当該被相続人の親族が取得した場合には、同号に規定する特定事業用宅地等に該当することに留意する必要があります。

（注）　被相続人等の事業の用に供されていた宅地等が措置法通達69の4-20の2に掲げる場合に該当する場合には、当該宅地等は引き続き事業の用に供されていた宅地等に該当します。

3 貸家、貸地、借地権等の評価原則と例外

1 相続税法及び財産評価基本通達による貸家等の評価

　相続により取得した土地や家屋については、原則として次のように評価します。

● 家屋及び貸家等の評価

　家屋の価額は、原則として、1棟の家屋ごとに評価することとなりますが、具体的には、その家屋の固定資産税評価額（地方税法381条（固定資産課税台帳の登録事項）の規定により家屋課税台帳若しくは家屋補充課税台帳に登録された基準年度の価格又は比準価格をいいます）に倍率（「1.0」とされています）を乗じて計算した金額により評価します（評価通達88・89）。

　家屋が課税時期において現に建築中である場合は、その家屋の費用現価の100分の70に相当する金額によって評価します（同91）。

　家屋が貸家である場合、又は借家権が発生している場合は次のように評価します（同93・94）。

- 貸家の価額：

　（算式）その家屋の価額（A）－A×借家権割合×その家屋に係る賃貸割合

- 借家権の価額：**（算式）**その家屋の価額×借家権割合×賃借割合※

※　「賃借割合」は、賃借している各独立部分の床面積の合計が当該家屋の各独立部分の床面積の合計に占める割合

　上記の借家権割合は国税局長の定める割合によりますが、各都道府県ごとの財産評価基準書に記載されており、平成18年分からは、全地域において30％とされています。

　なお、借家人の権利である借家権の評価は上記に示すとおりですが、この権利が権利金等の名称をもって取引される慣行のない地域にあるものについては、評価しないため、通常は評価しません。

❷ 土地及び土地の上に存する権利

　土地の価額は、宅地、田、畑、山林、原野、牧場、池沼、鉱泉地及び雑種地の地目の別に評価します。この場合の地目は、課税時期における現況により判定します。

　また、土地の上に存する権利の価額は、地上権（区分地上権及び借地権に該当するものを除きます）、区分地上権、永小作権、区分地上権に準ずる地役権、借地権（定期借地権等を除きます）、定期借地権等、耕作権（永小作権に該当するものを除きます）、温泉権（引湯権を含みます）、賃借権（借地権、定期借地権等、耕作権及び温泉権に該当するものを除きます）及び占用権の別に評価します（評価通達7・9）。

　宅地の価額については、1画地の宅地（利用の単位となっている1画地の宅地をいいます）を評価単位とし、その評価単位ごとに、財産評価基準書に定められた評価方式（路線価方式又は倍率方式）によって評価します（同11）。

　宅地の上に存する権利の目的となっている宅地の評価は、原則として当該各権利の価額を控除した金額によって評価します（同25・27・27-2）。

● 借地権の価額：

　（算式） 自用地の価額×借地権割合

● 借地権の目的となっている宅地の価額※：

（算式）自用地としての価額－自用地としての価額×借地権割合

※　借地権の取引慣行がないと認められる地域にある借地権の目的となっている宅地の価額は、借地権割合を 20％として計算します。

● 定期借地権等の価額：

（算式）

自用地の価額×

$$
\frac{\text{定期借地権等の設定の時における借地権者に帰属する経済的利益の総額}}{\text{定期借地権等の設定の時におけるその宅地の通常の取引価額}} \times \frac{\text{課税時期におけるその定期借地権等の残存期間年数に応ずる基準年利率による複利年金現価率}}{\text{定期借地権等の設定期間年数に応ずる基準年利率による複利年金現価率}}
$$

● 定期借地権等の目的となっている宅地の価額：

ア　自用地としての価額－定期借地権等の価額

　　ただし、上記により評価した金額が次の算式で求めた金額を上回る場合には、次の算式で求めた金額を定期借地権等の目的となっている宅地の評価額とします。

（算式）自用地としての価額－自用地としての価額

　　　　×定期借地権等の残存期間に応じた割合※

　　　　　※　定期借地権等の残存期間に応じた割合
　　　　　　a　残存期間が 5 年以下のもの　　　　　　　　　5％
　　　　　　b　残存期間が 5 年を超え 10 年以下のもの　　　10％
　　　　　　c　残存期間が 10 年を超え 15 年以下のもの　　15％
　　　　　　d　残存期間が 15 年を超えるもの　　　　　　　20％

イ　一般定期借地権の目的となっている宅地については、課税上弊害がない限り、上記アの方法によらず、一般定期借地権の目的となっている宅地の評価の方法により評価します。

ウ　一時使用目的の借地権の目的となっている宅地については、一時使用目的の借地権が雑種地の賃借権と同じように評価されることから、上記アの方法によらず、次の算式で求めた金額により評価します。

（**算式**）自用地としての価額－一時使用目的の借地権の価額

● 地上権の価額：

地上権及び永小作権の価額は、その残存期間に応じ、その目的となっている土地のこれらの権利を取得した時におけるこれらの権利が設定されていない場合の時価に、次に定める割合を乗じて算出した金額によります。

残存期間が10年以下のもの	100分の5
残存期間が10年を超え15年以下のもの	100分の10
残存期間が15年を超え20年以下のもの	100分の20
残存期間が20年を超え25年以下のもの	100分の30
残存期間が25年を超え30年以下のもの及び地上権で存続期間の定めのないもの	100分の40
残存期間が30年を超え35年以下のもの	100分の50
残存期間が35年を超え40年以下のもの	100分の60
残存期間が40年を超え45年以下のもの	100分の70
残存期間が45年を超え50年以下のもの	100分の80
残存期間が50年を超えるもの	100分の90

● 地上権の目的となっている宅地の価額：

（**算式**）自用地としての価額－地上権の価額

● 区分地上権の価額：

（算式）自用地の価額×区分地上権の割合

（地下鉄等のずい道の所有を目的として設定した区分地上権を評価する

ときにおける区分地上権の割合は、100 分の 30 とすることができます）

● 区分地上権の目的となっている宅地の価額：

（算式）自用地としての価額−自用地としての価額×区分地上権の割合

2 借地権等の評価

　税法では、借地権の設定方式について、大きく 3 つの方式、すなわち、権利金方式、相当の地代方式、無償返還届出書方式を認めていますが、これらの方式それぞれについて相続税評価額が異なってきます。あわせて、使用貸借の場合も見ていきます。

　個人が地主である場合、借地人である場合の相続税評価額はそれぞれ次のようになります（課資 2-58（例規）直評 9　昭 60.6.5「相当の地代を支払っている場合等の借地権等についての相続税及び贈与税の取扱いについて」国税庁長官）。

❶ 底地権の評価（個人が地主）

ア　権利金方式により借地権が設定されている場合

　借地権の評価額は「自用地評価×借地権割合」となるため、底地の評価額は「自用地評価×（1−借地権割合）」となります。

イ　相当の地代改訂方式の場合

　借地権が設定されている土地について、相当の地代改訂方式の場合のその土地に係る貸宅地の価額は、次によって評価します。

　当該土地の自用地としての価額の 100 分の 80 に相当する金額

　権利金の収受がなく、相当の地代のみを収受している場合は本来その土地について借主の権利はありません。しかし、借地借家法上の借地権が設定されていることにより、貸主はその土地の自由な使用収益について制約を受けていることから、20％の評価減をします。それがこの評価額の意味となります。

ウ　相当の地代据置方式の場合及び相当の地代に満たない地代を支払っている場合

　相当の地代方式であっても、これらの場合は、借地権の一部が借地権者に移動していることとなります。移動している借地権の価額は次のとおりです。

$$\text{自用地としての価額} \times \left[\text{借地権割合} \times \left(1 - \frac{\text{実際の地代の年額} - \text{通常の地代の年額}}{\text{相当の地代の年額} - \text{通常の地代の年額}}\right) \right]$$

　したがって、地主に残っているのは、次の価額です。これを「相当の地代調整貸宅地価額」といいます。

$$\text{自用地としての価額} -$$

$$\text{自用地としての価額} \times \left[\text{借地権割合} \times \left(1 - \frac{\text{実際の地代の年額} - \text{通常の地代の年額}}{\text{相当の地代の年額} - \text{通常の地代の年額}}\right) \right]$$

$$= \text{自用地としての価額} \times \left[1 - \text{借地権割合} \times \left(1 - \frac{\text{実際の地代の年額} - \text{通常の地代の年額}}{\text{相当の地代の年額} - \text{通常の地代の年額}}\right) \right]$$

　相当の地代調整貸宅地価額は、権利金の一部が借主に移った場合の評価額となります。したがって、上記の算式で計算した金額が、その土地の自用地としての価額の100分の80に相当する金額を超えるときは、当該土地の自用地としての価額の100分の80に相当する金額となります。

エ　無償返還届出書方式

　借地権が設定されている土地について、無償返還届出書が提出されている場合の当該土地に係る貸宅地の価額は、その土地の自用地としての価額の 100 分の 80 に相当する金額によって評価します。

　こちらの場合も、本来その土地について借主の権利はありません。しかし、土地を貸していることにより、貸主はその土地の利用について制約を受けていることから、20％の評価減をします。それがこの評価額の意味となります。

　なお、個人貸主、個人借主の場合は無償返還届出書方式は認められていません。

オ　使用貸借

　純粋な意味の使用貸借は個人貸主、個人借主の場合のみです。使用貸借の場合は、借主の権利はないため、土地は更地価額で評価します。また、使用貸借に係る土地について無償返還届出書が提出されている場合の当該土地に係る貸宅地の価額は、当該土地の自用地としての価額によって評価することに注意する必要があります。

❷ 借地権の評価（個人が借地人）

ア　権利金方式により借地権が設定されている場合

　借地権の評価額は「自用地評価×借地権割合」となります。

イ　相当の地代改訂方式の場合

　借地権が設定されている土地について、相当の地代改訂方式の場合のその土地に係る借地権の価額は零となります。

ウ　相当の地代据置方式の場合及び相当の地代に満たない地代を支払って

　いる場合

　相当の地代方式であっても、これらの場合は、借地権の一部が借地権者に移動していることとなります。移動している借地権の価額は次のとおりです。

$$\text{自用地とし} \atop \text{ての価額} \times \left[\text{借地権割合} \times \left(1 - \frac{\text{実際の地代の年額} - \text{通常の地代の年額}}{\text{相当の地代の年額} - \text{通常の地代の年額}} \right) \right]$$

エ　無償返還届出書方式

　借地権が設定されている土地について、「土地の無償返還に関する届出書」が提出されている場合の当該土地に係る借地権の価額は、零として取り扱います。

　なお、個人貸主、個人借主の場合は無償返還届出方式は認められていません。

オ　使用貸借

　純粋な意味の使用貸借は個人貸主、個人借主の場合のみです。使用貸借の場合は、借主の権利はないため零となります。

❸ 借地権等を巡る裁決例・裁判例と留意点

　賃貸している土地の評価額を巡り留意すべき裁決例及び裁判例をあげます。

ア　使用貸借であれば自用地評価であるため賃貸借に切り替えた場合

　使用貸借であれば自用地評価であるため、賃貸借に切り替えて相続税額の軽減を狙ったと思われる事案です（新潟地判平 24.12.20・Z262-12119（H25-08-30・Z263-12282）（H26-01-21・Z264-12390））。

義父より固定資産税相当額で借り受けた土地の上に自宅を建て居住していた納税者が、賃貸借契約に切り替え、近隣相場の8割弱の賃料を支払っていたことに対し、義父から借地権相当額の贈与があったと認定された。当事案は、義父の相続開始直前に賃貸借契約を結んだこと、義父の相続税の申告では本件土地について借地権を控除して評価したこと、義父の相続により本件土地を取得した相続人に対し、納税者は賃料を支払わずに再び無償使用していたことなどを勘案し、借地権利金の認定課税がされた。

確かに、土地の評価としては、借地権が設定された土地の評価となりますが、それは、借地権相当額が子に移動したためであり、それについて、相続税法9条が適用されることを示すものです。

イ　地上権があるとして登記をした場合

賃貸料の有無にかかわらず、地上権の登記をしたならば、地上権の目的となる土地として評価して相続税の申告をした事案です（裁決平24.5.22・J87-4-18）。

共同相続人である納税者らは、相続した本件土地の上に、本件被相続人及び他の共同相続人ら（本件被相続人ら）が所有する本件建物が存しているところ、本件土地の使用料は無償であるものの、本件建物が存する権原は、本件建物の所有を目的とする地上権である旨主張する。

しかしながら、親族間で土地の無償使用を許す関係を地上権の設定と認めるためには、当事者が何らかの理由で特に強固な権利を設定することを意図したと認めるべき特段の事情が存在することを必要と解すべきであるところ、①本件建物を本件被相続人らの共有とした理由

からすれば、わざわざ本件被相続人にとって著しい負担となる無償の地上権を設定する必要もないこと、②本件被相続人と当該他の共同相続人らとの間で、地上権を設定する場合に通常取るであろう行動が、取れたにもかかわらず、これを取っていないこと及び③本件においては上記特段の事情も見当たらないことからすると、本件建物の所有に係る当該他の共同相続人らの本件土地上の権利は、せいぜい使用貸借によるものとみざるを得ない。そして、本件建物の建築後、本件相続開始に至るまで、権利関係に変動があったことを認めるに足る証拠はないから、本件相続開始時点で、本件土地上に、当該他の共同相続人の地上権が存在していたとは認められない。

税務は登記状況にかかわらず実態で判断することを示すものです。

ウ　譲渡特約があるため控除すべき借地権の価額はないとした事例

　他人との賃貸借契約であっても、特約事項がある場合にどのように判断すべきかということが問題となった事案です（裁決平 23.11.17・J85-3-17・裁事）。

　納税者は、納税者の父（本件被相続人）の相続（本件相続）により取得した土地（本件土地）を、本件相続開始の日において、図書館建物及び駐車場施設の敷地として a 市との間で賃貸借契約を締結し（本件賃貸借契約）、賃貸していたのであるから、本件土地の価額は、財産評価基本通達 25 《貸宅地の評価》の定めに従い、自用地としての価額から借地権の価額を控除した価額で評価すべきである旨主張する。

　しかしながら、確かに、本件賃貸借契約に係る契約書（本件賃貸借契約書）の記載内容及びその解釈並びに本件土地の使用の主目的から

すれば、本件土地には、当該図書館建物の所有を目的とする借地権の設定がされたものと認められるものの、①本件賃貸借契約書には、本件被相続人が本件土地の譲渡を希望するなどの場合には、賃借人であるａ市は更地価格を意味する「適正価格」で買い取る旨が定められていること、②本件賃貸借契約における賃貸料の額からみて、本件土地上の借地権の価額については何ら考慮されていないこと、③ａ市が本件土地に係る鑑定評価を依頼した際に、ａ市は本件土地を買い取るに当たって考慮すべき借地権の価額は存在していなかったと認識していたものと認められ、また、実際にも本件土地は鑑定評価額に近似した価額で納税者からａ市に譲渡されており、借地権の存在を考慮した価額で譲渡されたものではないことが明らかであることなどからすると、本件相続開始の日において、借地権が存した本件土地の自用地の価額から控除すべき借地権の価額はなかったと認められる。このような場合には、財産評価基本通達を形式的に適用すべきではなく、本件土地の評価に当たり、自用地としての価額から借地権の価額を控除しないこととするのが相当である。

　更地価額での譲渡特約が付されており、その条項どおりに買取りがされた場合の時価を判断する指針となる事案です。

Ⅰ　賃貸不動産と相続税評価

4　低収益賃貸不動産と空室問題

1　低収益賃貸不動産と相続対策

　稼働率がわるく収益性の低い地方や郊外の賃貸マンション、駐車場や未利用地など有効活用が困難な不動産については、売却して収益性の高い都心部の優良収益不動産を購入すること、いわゆる資産の組み換えをすることにより、相続税評価額が下がり相続税の節税になるだけでなく、収益性も高くなり納税資金作りにも役立つため、相続対策として有効とされています。

　かつては、借入をして、未利用地などに賃貸アパートを建築することにより、借入金と建物の評価の差額による相続税の節税策がよく行われていました。しかし、このような賃貸アパートについては、収益性の検討をすることなく建てられることが多く、年が経つにつれて稼働率がわるくなり、全体として相続財産の資産価値自体が低下してしまっているという現象が発生しています。

　それに対し、資産の組み換えによる場合は、資産価値は上昇するにもかかわらず、賃貸割合のアップにより、相続税評価も小規模宅地等の特例や貸家の評価、貸家建付地の評価により約60〜70％評価が下がることから、相続対策としても有効とされています。

42

2 評価通達に基づく賃貸不動産の評価

Ⅰ**3** **貸家、貸地、借地権等の評価原則と例外**で示したように、貸家や貸家建付地の評価では、賃貸割合がその計算要素となります。そこで、賃貸割合に着目して、それぞれの評価算式を組み換えると次のようになります。

❶ 貸家の評価

貸家の評価額＝固定資産税評価額（A）−A×30%×賃貸割合

❷ 貸家建付地の評価

貸家建付地の評価額
＝その宅地の自用地としての価額（A）−A×借地権割合×30%
　×賃貸割合

保有している賃貸不動産の入居者が退去した場合、実際の不動産市場での価値は減少するにもかかわらず、相続税評価額は上昇するという現象が生じることとなります。

賃貸不動産の相続税評価において、借家権相当額を控除する趣旨について、横浜地裁平成7年7月19日判決では、「貸家建付地及び貸家の評価において借家権相当額等を控除するのは、建物が借家権の目的となっている場合には、賃貸人は一定の正当事由がない限り、建物賃貸借契約の更新拒絶や解約申し出ができないため、立退料等の支払いをしなければ、右借家権を消滅させられず、また借家権が付いたままで貸家及びその敷地を譲渡する場合にも、譲受人は、建物及びその敷地利用が制約されることなどから、貸家建付地及び貸家の経済的価値がそうでない土地及び建物に比較して低下することを考慮したものと解され、合理的なものと認められる。」

と説明しています（Z213-7552）。現行の評価通達では、土地の評価を、所有者自身の利用を中心に考えており、収益不動産を現状（賃借人付のまま）で売買するという、投資不動産市場の存在を想定していません。

　また、小規模宅地等の減額特例における貸付事業用宅地等においても、この賃貸割合が問題となります。

❸ 賃貸割合と貸宅地の評価・小規模宅地等の減額特例の例外規定

　賃貸割合とは、当該家屋の各独立部分の床面積の合計に対する課税時期において賃貸されている各独立部分の床面積の合計の割合です（評価通達26（2））。そして、この算式の「賃貸されている各独立部分」には、継続的に賃貸されていた各独立部分で、課税時期において、一時的に賃貸されていなかったと認められるものを含むこととして差し支えないとされています（同（注）2）。

　また、貸付事業用宅地等についての租税特別措置法通達69の4-24の2においても、「宅地等が措置法第69条の4第3項第4号に規定する被相続人等の貸付事業の用に供されていた宅地等に該当するかどうかは、当該宅地等が相続開始の時において現実に貸付事業の用に供されていたかどうかで判定するのであるが、貸付事業の用に供されていた宅地等には、当該貸付事業に係る建物等のうちに相続開始の時において一時的に賃貸されていなかったと認められる部分がある場合における当該部分に係る宅地等の部分が含まれることに留意する。」とされています。

　この「一時的に賃貸されていなかったと認められるもの」の許容範囲について、しばしば疑問が呈されるため、国税庁は次のような質疑応答事例を公表しています。

貸家建付地等の評価における一時的な空室の範囲

【照会要旨】

　学生専用の賃貸アパートの半分程度の部屋が空室でしたが、この空室部分は、3月上旬まで入居していた学生が卒業のため退去した部分で、新しく入居する学生を募集しており、3月末には全部の部屋が実際に賃貸されています。例年、このような状況の中、たまたま空室が多い時が課税時期となっていますが、この賃貸アパートとその敷地はどのように評価すればよいですか。

【回答要旨】

　課税時期において、アパートの一部に借家人がいることから、貸家及び貸家建付地として評価します。

　貸家及び貸家建付地の価額は、それぞれ次の算式により評価します。この場合において、賃貸割合は、原則として、課税時期において実際に賃貸されている部分の床面積に基づいて算定しますが、一時的に空室となっている部分の床面積を実際に賃貸されている部分の床面積に加えて算定して差し支えありません。

　　貸家の価額＝自用の家屋の価額－自用の家屋の価額×借地権割合
　　　　　　　　×賃貸割合

　　貸家建付地の価額＝自用地としての価額－自用地としての価額
　　　　　　　　　　×借地権割合×借家権割合×賃貸割合

（説明）

1　取扱いの概要

　借家権の目的となっている家屋は貸家として、その貸家の敷地の用に供されている宅地は貸家建付地として評価することとなり、それらの価額は、上記の算式により評価します。

　これら算式における「賃貸割合」は、その貸家が構造上区分された数個の部分（各独立部分）からなっている場合において、次の算式により算定します。

$$\text{賃貸割合} = \frac{\text{Aのうち課税時期において賃貸されている}}{\text{その貸家の各独立部分の床面積の合計（A）}}$$

　この割合の算定に当たって、継続的に賃貸されてきたもので、課税時期において、一時的に賃貸されていなかったと認められる各独立部分がある場合には、その各独立部分の床面積を、賃貸されている各独立部分の床面積（B）に加えて賃貸割合を計算して差し支えありません。

2　「継続的に賃貸されてきたもので、課税時期において、一時的に
　賃貸されていなかったと認められる」部分の範囲
　アパート等の一部に空室がある場合の一時的な空室部分が、「継続的に賃貸されてきたもので、課税時期において、一時的に賃貸されていなかったと認められる」部分に該当するかどうかは、その部分が、①各独立部分が課税時期前に継続的に賃貸されてきたものかどうか、②賃借人の退去後速やかに新たな賃借人の募集が行われたかどうか、③空室の期間、他の用途に供されていないかどうか、④空室の期間が課税時期の前後の例えば1ケ月程度であるなど一時的な期間であったかどうか、⑤課税時期後の賃貸が一時的なものではないかどうかなどの事実関係から総合的に判断します。

```
【関係法令通達】
　財産評価基本通達 26
```

　この質疑応答事例では、「一時的に賃貸されていなかったと認められるもの」について、事実関係から総合的に判断するとしていながら、④において、「空室の期間が課税時期の前後の例えば1か月程度であるなど一時的な期間であったかどうか」というような要件をあげています。前の入居者が退去して、3月目には次の入居者が入るというのは、極めて稼働率の高い物件と考えられ、例示の一つとしても、現実的でないと思われます。

　しかしながら、貸家及び貸家建付地の評価において、賃貸されていない期間が5か月以上だと一時的空室部分に該当しないとされた裁判例があり、税理士等の税務関係者や不動産業者などの耳目を集めました（神戸地判平 28.10.26・Z266-12923（棄却）、大阪高判平 29.5.11・Z267-13019（棄却・確定））。

　納税者は、被相続人が賃貸していた物件の空室は、一時的空室部分に該当するものとして賃貸割合を計算して相続税の申告をしたが、原処分庁は、当該空室部分は賃貸されていない部分に該当するとして更正処分を行った。争点は、継続して賃貸人を募集していれば、長期間空室であっても一時的空室と言えるかどうかである。

　地裁は、本件各空室部分は、相続税の課税時期に賃貸されていたと同視することはできないことから一時的空室部分に該当しないと判示して、納税者の主張を退けた。判決を不服とした納税者は控訴したが、高裁も地裁判決を支持し、納税者の主張を退けた。

　納税者は、「収益資産としての実態」の内容につき、具体的には、賃貸借契約が終了した後も、引き続き賃借人の募集を行い、何時にて

も新たな賃借人が入居することができるように当該空室部分の保守・管理を行い、不動産所得を生ずべき業務の用に供している事実が認められる場合であると主張した。しかし、裁判所は、一時的空室部分該当性の判断に当たっては、現実の賃貸状況、取り分け、空室期間の長短を重要な要素として考慮しなければならないのであって、これを考慮せずに、本件各空室部分が「継続的に賃貸の用に供されている」状態にあるという理由のみで、一時的空室部分という例外的な取扱いを認めることはできないとし、さらに、本件各空室部分の空室期間は、最も短い場合でも 5 か月であり、「例えば 1 か月程度」にとどまらずに、むしろ長期間に及んでいるといえるから、「一時的」なものであったとはいえないとした。

　本事例における空室は全部で 191 室のうち 73 室（38％）であり、空室期間の最短は 5 か月でしたが、最長は 59 か月、平均では 36 か月であったので、単純に空室期間が 5 か月だと一時的空室部分に該当しないとされたわけではないことに留意する必要があります。

　ここで、上記に示された貸家又は貸家建付地の評価における「一時的に賃貸されていなかったと認められる部分」の判断基準と小規模宅地等の減額特例についての貸付事業用宅地等における「一時的に賃貸されていなかったと認められる部分」の判断基準が同じであるか否かについては、議論の余地があります。なぜなら、小規模宅地等の減額特例の趣旨は、被相続人の事業又は居住の用に供されていた小規模な宅地は、一般に相続人の生活基盤の維持に欠くことのできないもので、相続人がこれを廃して処分することは相当の制約を受けるため、相続税の課税価格に算入すべき価額を計算する上で、政策的な観点から一定の減額をするという趣旨である、と解されているからです（東京地判平 23.8.26 他）。

　したがって、単に評価を規定する評価通達とは異なる運用がされるべき

と考えられます。これについては、「東京税理士会会員相談室 0124　所得税・相続税　共同住宅の 1 室が空室の場合における減価償却費の計上　共同住宅の 1 室が一時的に空室であった場合における貸家建付地の評価　事例 2 で貸家建付地評価が認められなかった宅地に係る小規模宅地等の減額特例の適用」【東京税理士界　令和元年 8 月 1 日第 751 号掲載】においても、以下のことを根拠に、小規模宅地等の減額特例における貸付事業用宅地等には、空室期間の制限が適用要件に含まれていないという見解を示しています。

(1)　平成 7 年 7 月 19 日横浜地裁判決（Z213-7552）において、「相続開始時において賃貸されていない部屋がある場合（21 室のうち 17 室が空室）の賃貸マンションの敷地の課税価格の算定に当たり、小規模宅地等についての相続税の課税価格計算の特例の適用対象となる土地は、相続開始時において賃貸されていた部分に対応する敷地に限られるのではなく、本件マンションの全室に係る敷地全部である。」と判示しており、17 室の空室期間については言及していないこと

(2)　後述の資産課税課情報「（事例 6）　共同住宅の一部が空室となっていた場合」欄の回答で「相続開始の直前に空室となっていたアパートの 1 室については、……、空室となった直後から不動産業者を通じて新規の入居者を募集しているなど、いつでも入居可能な状態に空室を管理している場合は相続開始時においても被相続人の貸付事業の用に供されているものと認められ、また、申告期限においても相続開始時と同様の状況にあれば被相続人の貸付事業は継続されているものと認められる。したがって、そのような場合は、空室部分に対応する敷地部分も含めて、アパートの敷地全部が貸付事業用宅地等に該当することとなる。」と記述されており、空室期間については言及していないこと

④ 共同住宅の一部が空室となっていた場合の相続税の申告書の記載例

　資産課税課情報第9号令和3年4月1日国税庁資産課税課「小規模宅地等についての相続税の課税価格の計算の特例に係る相続税の申告書の記載例等について（情報）」では、「共同住宅の一部が空室となっていた場合」の相続税の申告書の記載例を次のように示しています。

　問　被相続人甲は、自己の所有する土地（200㎡）の上にアパート1棟（10室）を所有し、これを貸付事業の用に供していたが、相続開始の1か月前にこのアパートの1室が空室となり、相続開始の直前においては9室を貸し付けていた（この空室については、甲の大学生の子を住まわせるため新規の入居者の募集を中止していた。）。

　　上記アパートとその敷地（200㎡）については、甲の配偶者乙が相続により取得し、9室の貸付事業について乙が引き継ぎ、申告期限まで引き続き貸付事業を行っている。

　　乙が貸付事業を引き継いだ部分について、貸付事業用宅地等（貸付事業用宅地等の要件は満たしている。）として選択して小規模宅地等の特例の適用を受ける場合の相続税の申告書第11・11の2表の付表1（小規模宅地等についての課税価格の計算明細書）及び第11・11の2表の付表1（別表1）（小規模宅地等についての課税価格の計算明細書（別表1））の記載はどのようにすればよいか。

　　なお、甲は、相続開始前3年を超えた日以前から、上記建物において貸付事業を営んでいた。

　　路線価　1㎡　200,000円、借地権割合　70％、借家割合　30％
　　※　奥行価格補正率等の各種補正率は全て1.0とする。

答

　相続税の申告書第 11・11 の 2 表の付表 1（小規模宅地等についての課税価格の計算明細書）及び第 11・11 の 2 表の付表 1（別表 1）（小規模宅地等についての課税価格の計算明細書（別表 1））の記載は次頁のとおり。

　なお、本件における減額される金額及び課税価格に算入される金額は次のとおり。

1　財産評価基本通達に基づき、土地の評価を行った場合の評価額
　貸家建付地の評価額
　@ 200,000 円 × 200㎡ ＝ 40,000,000 円
　40,000,000 円 ×（1 － 0.7 × 0.3 ×（180㎡ /200㎡））
　＝ 32,440,000 円

2　貸付事業用宅地等について減額される金額等の計算
　(1)　空室に対応する敷地部分の評価額
　　@200,000 円 × 20㎡ ＝ 4,000,000 円　……　①
　(2)　賃貸中の部屋に対応する敷地部分の評価額
　　@200,000 円 × 180㎡ ＝ 36,000,000 円
　　36,000,000 円 ×（1-0.7 × 0.3）＝ 28,440,000 円　……　②
　(3)　小規模宅地等について減額される金額及び課税価格に算入される金額の計算
　　28,440,000 円（②）× 50％ ＝ 14,220,000 円　……　減額される金額
　　28,440,000 円 － 14,220,000 円 ＝ 14,220,000 円　……　③

4,000,000 円（①）＋14,220,000 円（③）＝18,220,000 円

……課税価格に算入

される金額

（参考）

　被相続人又は被相続人と生計を一にしていたその被相続人の親族（以下「被相続人等」という。）の事業の用に供されていた宅地等とは、相続開始の直前において、被相続人等の事業の用に供されていた宅地等で、その宅地等のうちに被相続人等の事業の用に供されていた宅地等以外の用に供されていた部分があるときは、その被相続人等の事業の用に供されていた部分に限られる（措令40の2④）。

　例えば、相続開始の直前に空室となったアパートの1室については、相続開始時において継続的に貸付事業の用に供していたものと取り扱うことができるか疑義が生ずるところであるが、空室となった直後から不動産業者を通じて新規の入居者を募集しているなど、いつでも入居可能な状態に空室を管理している場合は相続開始時においても被相続人の貸付事業の用に供されているものと認められ、また、申告期限においても相続開始時と同様の状況にあれば被相続人の貸付事業は継続されているものと認められる。

　したがって、そのような場合は、空室部分に対応する敷地部分も含めて、アパートの敷地全部が貸付事業用宅地等に該当することとなる。

（記載例）

小規模宅地等についての課税価格の計算明細書（別表1）	被相続人	甲

第11・11の2表の付表1（別表1）（令和2年4月分以降用）

この計算明細書は、特例の対象として小規模宅地等を選択する一の宅地等（注1）が、次のいずれかに該当する場合に一の宅地等ごとに作成します（注2）。
1　相続又は遺贈により一の宅地等を2人以上の相続人又は受遺者が取得している場合
2　一の宅地等の全部又は一部が、貸家建付地である場合において、貸家建付地の評価額の計算上「賃貸割合」が「1」でない場合
（注）1　一の宅地等とは、一棟の建物又は構築物の敷地をいいます。ただし、マンションなどの区分所有建物の場合には、区分所有された建物の部分に係る敷地をいいます。
　　　2　一の宅地等が、配偶者居住権に基づく敷地利用権又は配偶者居住権の目的となっている建物の敷地の用に供される宅地等である場合には、この計算明細書によらず、第11・11の2表の付表1（別表1の2）を使用してください。

1　一の宅地等の所在地、面積及び評価額

一の宅地等について、宅地等の「所在地」、「面積」及び相続開始の直前における宅地等の利用区分に応じて「面積」及び「評価額」を記入します。
(1)　「1宅地等の面積」欄は、一の宅地等が持分である場合には、持分に応ずる面積を記入してください。
(2)　上記2に該当する場合には、⑧欄については、⑥欄の面積を基に自用地として評価した金額を記入してください。

宅地等の所在地	名古屋市○○区○○△丁目×番	①宅地等の面積	200	㎡
相続開始の直前における宅地等の利用区分		面積（㎡）	評価額（円）	
A	①のうち被相続人等の事業の用に供されていた宅地等（B、C及びDに該当するものを除きます。）			
B	①のうち特定同族会社の事業（貸付事業を除きます。）の用に供されていた宅地等			
C	①のうち被相続人等の貸付事業の用に供されていた宅地等（相続開始の時において継続的に貸付事業の用に供されていると認められる部分の敷地）	③ 180	⑩ 28,440,000	
D	①のうち被相続人等の貸付事業の用に供されていた宅地等（Cに該当する部分以外の部分の敷地）	⑤ 20	⑪ 4,000,000	
E	①のうち被相続人等の居住の用に供されていた宅地等	⑥	⑫	
F	①のうちAからEの宅地等に該当しない宅地等	⑦	⑬	

2　一の宅地等の取得者ごとの面積及び評価額

上記のAからF までの宅地等の「面積」及び「評価額」を、宅地等の取得者ごとに記入します。
(1)　「持分割合」欄は、宅地等の取得者が相続又は遺贈により取得した持分割合を記入します。一の宅地等を1人で取得した場合には、「1/1」と記入します。
(2)　「1 持分に応じた宅地等」は、上記のAからFまでに記入した一の宅地等の「面積」及び「評価額」を「持分割合」を用いてあん分して計算した面積及び「評価額」を記入します。
(3)　「2 左記の宅地等のうち選択特例対象宅地等」は、「1 持分に応じた宅地等」に記入した「面積」及び「評価額」のうち、特例の対象として選択する部分を記入します。なお、Bの宅地等の場合には、上段に「特定同族会社事業用宅地等」として選択する部分の、下段に「貸付事業用宅地等」として選択する部分の「面積」及び「評価額」をそれぞれ記入します。
「2 左記の宅地等のうち選択特例対象宅地等」に記入した宅地等の「面積」及び「評価額」は、「申告書第11・11の2表の付表1」の「2 小規模宅地等の明細」の「⑨取得者の持分に応ずる宅地等の面積」欄及び「⑩取得者の持分に応ずる宅地等の価額」欄に転記します。
(4)　「3 特例の対象とならない宅地等（1-2）」には、「1 持分に応じた宅地等」のうち「2 左記の宅地等のうち選択特例対象宅地等」欄に記入した以外の宅地等について記入します。この欄の「面積」及び「評価額」は、申告書第11表に転記します。

宅地等の取得者氏名	乙	⑭持分割合	1/1			
	1　持分に応じた宅地等		2　左記の宅地等のうち選択特例対象宅地等		3　特例の対象とならない宅地等（1-2）	
	面積（㎡）	評価額（円）	面積（㎡）	評価額（円）	面積（㎡）	評価額（円）
A	②×⑭	⑨×⑭				
B	③×⑭	⑩×⑭				
C	④×⑭ 180	⑩×⑭ 28,440,000	180	28,440,000		
D	⑤×⑭ 20	⑪×⑭ 4,000,000			20	4,000,000
E	⑥×⑭	⑫×⑭				
F	⑦×⑭	⑬×⑭				

宅地等の取得者氏名		⑭持分割合	/			
	1　持分に応じた宅地等		2　左記の宅地等のうち選択特例対象宅地等		3　特例の対象とならない宅地等（1-2）	
	面積（㎡）	評価額（円）	面積（㎡）	評価額（円）	面積（㎡）	評価額（円）
A	②×⑭	⑨×⑭				
B	③×⑭	⑩×⑭				
C	④×⑭	⑩×⑭				
D	⑤×⑭	⑪×⑭				
E	⑥×⑭	⑫×⑭				
F	⑦×⑭	⑬×⑭				

第11・11の2表の付表1（別表1）（令2.7）　　　　　　　　　　　　　　　（資4-20-12-3-5-A4統一）

小規模宅地等についての課税価格の計算明細書

FD3549

第11・11の2表の付表1（令和2年4月分以降用）

被相続人 甲

この表は、小規模宅地等の特例（租税特別措置法第69条の4第1項）の適用を受ける場合に記入します。
なお、被相続人から、相続、遺贈又は相続時精算課税に係る贈与により取得した財産のうちに、特定計画山林の特例の対象となり得る財産又は「個人の事業用資産についての相続税の納税猶予及び免除」の対象となり得る宅地等その他一定の財産がある場合には、第11・11の2表の付表2を作成します（第11・11の2表の付表2又は付表2の2を作成する場合には、この表の「1 特例の適用にあたっての同意」欄の記入を要しません。）。
（注）この表の1又は2の各欄に記入しきれない場合には、第11・11の2表の付表1（続）を使用します。

○この申告書は機械で読み取りますので、黒ボールペンで記入してください。

1 特例の適用にあたっての同意

この欄は、小規模宅地等の特例の対象となり得る宅地等を取得した全ての人が次の内容に同意する場合に、その宅地等を取得した全ての人の氏名を記入します。

私（私たち）は、「2 小規模宅地等の明細」の①欄の取得者が、小規模宅地等の特例の適用を受けるものとして選択した宅地等又はその一部（「2 小規模宅地等の明細」の③欄で選択した宅地等）の全てが限度面積要件を満たすものであることを確認の上、その取得者が小規模宅地等の特例の適用を受けることに同意します。

氏名	乙

（注）小規模宅地等の特例の対象となり得る宅地等を取得した全ての人の同意がなければ、この特例の適用を受けることはできません。

2 小規模宅地等の明細

この欄は、小規模宅地等の特例の対象となり得る宅地等を取得した人のうち、その特例の適用を受ける人が選択した小規模宅地等の明細等を記載し、相続税の課税価格に算入する価額を計算します。

「小規模宅地等の種類」欄は、選択した小規模宅地等の種類に応じて次の1～4の番号を記入します。
小規模宅地等の種類：1 特定居住用宅地等、2 特定事業用宅地等、3 特定同族会社事業用宅地等、4 貸付事業用宅地等

選択した小規模宅地等	小規模宅地等の種類	① 特例の適用を受ける取得者の氏名　〔事業内容〕	⑤ ③のうち小規模宅地等（限度面積要件）を満たす宅地等）の面積						
		② 所在地番	⑥ ⑤のうち小規模宅地等（④×⑤／③）の価額						
		③ 取得者の持分に応ずる宅地等の面積	⑦ 課税価格の計算に当たって減額される金額（⑥×⑨）						
		④ 取得者の持分に応ずる宅地等の価額	⑧ 課税価格に算入する価額（④−⑦）						
	4	① 乙 〔貸家〕	⑤		1 8 0 .				㎡
		② 名古屋市○○区○○△丁目×番	⑥	2 8 4 4 0 0 0 0					円
		③ 1 8 0 . ㎡	⑦	1 4 2 2 0 0 0 0					円
		④ 2 8 4 4 0 0 0 0 円	⑧	1 4 2 2 0 0 0 0					円
		① 〔 〕	⑤						㎡
		②	⑥						円
		③ ㎡	⑦						円
		④ 円	⑧						円
		① 〔 〕	⑤						㎡
		②	⑥						円
		③ ㎡	⑦						円
		④ 円	⑧						円

（注）1 ①欄の「〔 〕」は、選択した小規模宅地等が被相続人等の事業用宅地等（2、3又は4）である場合に、相続開始の直前にその宅地等の上で行われていた被相続人等の事業について、例えば、飲食サービス業等と具体的に記入します。
2 小規模宅地等を選択する一の宅地等が共有である場合又は一の宅地等が貸家建付地である場合において、その評価額の計算上「賃貸割合」が1でないときには、第11・11の2表の付表1（別表1）を作成します。
3 小規模宅地等を選択する宅地等が、配偶者居住権に基づき敷地利用権又は配偶者居住権の目的となっている建物の敷地の用に供される宅地等である場合には、第11・11の2表の付表1（別表1の2）を作成します。
4 ⑧欄の金額を第11表の「財産の明細」の「価額」欄に転記します。

「限度面積要件」の判定

上記「2 小規模宅地等の明細」の⑤欄で選択した宅地等の全てが限度面積要件を満たすものであることを、この表の各欄を記入することにより判定します。

※この項目は記入する必要がありません。

小規模宅地等の区分		被相続人等の居住用宅地等	被相続人等の事業用宅地等		
小規模宅地等の種類		1 特定居住用宅地等	2 特定事業用宅地等	3 特定同族会社事業用宅地等	4 貸付事業用宅地等
⑨ 減額割合		80/100	80/100	80/100	50/100
⑩ ⑤の小規模宅地等の面積の合計					180 ㎡
⑪ 限度面積	小規模宅地等のうちに4貸付事業用宅地等がない場合	［1の⑩の面積］ ≦330㎡	［2の⑩及び3の⑩の面積の合計］ ㎡ ≦ 400㎡		
	小規模宅地等のうちに4貸付事業用宅地等がある場合	［1の⑩の面積］ ㎡×200/330 +	［2の⑩及び3の⑩の面積の合計］ ㎡×200/400 +		［4の⑩の面積］ 180 ㎡ ≦ 200㎡

（注）限度面積は、小規模宅地等の種類（「1 特定居住用宅地等」の選択の有無）に応じて、⑪欄（イ又はロ）により判定を行います。「限度面積要件」を満たす場合に限り、この特例の適用を受けることができます。

※ 税務署整理欄	年分		名簿番号		申告年月日	年 月 日	番号		グループ番号		補完	

第11・11の2表の付表1（令2.7）

（資4-20-12-3-1-A4統一）

II

不動産管理・保有会社スキーム

1 資産管理会社の設立ニーズ

　資産管理会社の設立ニーズがあります。それにより、タックスメリット、すなわち、ⅰ）所得課税において節税効果を得、ⅱ）所得の分散を図り、さらにⅲ）相続税の節税効果を得ようというのです。

1 所得課税

　中小法人の所得税の実効税率は、東京23区内の場合、33.58％（2021.12期〜2022.12期）です。個人の実効税率は、課税所得金額900万円超で34.4％であるため、節税効果が得られるのは、課税所得金額900万円超となるときとなります。

　その他にも、法人名義で保険に入ることや自宅を社宅扱いにすることなどにより、そのような間接経費も経費として計上することができるとされています。

2 所得の分散

　所得税法では56条（事業から対価を受ける親族がある場合の必要経費の特例）の制約を受け、生計一親族が事業に従事等したとしても、事業専従者であり届出をしない限り、その対価を必要経費に算入することはできません。法人であれば、役務の提供等をした者に対して支払う対価は、適正額である限り、費用として計上できます。

　さらに、所得を管理会社や家族に分散させることで、個人レベルでの財

産の蓄積を抑えることができます。

③ 相続税の圧縮

　管理会社が不動産を保有する場合、出資者が所有する株式の評価が相続財産になるため、会社の出資者を子供などにしておけば、会社にお金を残したとしても相続税の課税対象にはなりません。

④ 不動産管理会社のデメリット

　上記 ①〜③ は不動産管理会社のメリットとなりますが、その反面、デメリットもあります。たとえば次のようなものがあげられます。
　①　会社設立費用が30〜50万円程度かかる。
　②　社会保険の加入義務がある。
　③　経理手続きが個人と比べて複雑である。
　④　決算・申告のための税理士費用が必要となる。
　⑤　会社が赤字であっても法人住民税の均等割がかかる。

⑤ 不動産管理会社の形態

　不動産管理会社は、不動産の所有・管理の方法によって、不動産所有方式、管理会社方式、サブリース方式の3つの形態に分類できます。

❶ 不動産所有方式

　不動産所有方式は、オーナーが所有する不動産を資産管理会社に売却して、管理会社が不動産を所有する形態です。売却方式と呼ばれることもあり、資産管理会社を使う相続対策では主流となっています。

　管理会社が土地と建物を所有する「土地建物所有方式」のほか、建物だけを所有する「建物所有方式」があります。建物所有方式では、土地は引き続きオーナーが所有して管理会社に貸し付けることとなります。

　資産管理会社がオーナーから不動産を買い受けるときは、金融機関から資金を借り入れ、それにより、オーナーは個人の借入金を返済します。つまり、それにより債務を個人から管理会社に移すこととなります。

　建物所有方式では、土地を無償で貸し付けると管理会社が借地権を無償で譲り受けたとみなされて課税されることになるため、通常は相当の地代支払い方式か、「土地の無償返還に関する届出書」を税務署に提出する方法をとることとなります。

❷ 管理会社方式

　管理会社方式は、オーナーが個人で不動産を所有して、設備の管理などを管理会社に委託する方式です。不動産の名義変更が必要なく、手軽にできる点がメリットとなります。

　不動産による収益はオーナーのもとに入りますが、オーナーはその中から資産管理会社に管理費を支払うことにより、不動産所得の圧縮とともに、オーナーの財産の蓄積を抑えることができます。しかし、不動産はオーナーが所有するため相続税の節税効果はあまりありません。

❸ サブリース方式

　サブリース方式は、オーナーが所有する資産を管理会社に一括で貸し付ける方式です。

　不動産による収益は資産管理会社のもとに入り、管理会社はそのうち80〜90％を賃料としてオーナーに支払います。つまり、管理会社が空室リスクを負うこととなります。

　不動産による収益と賃料との差額が、実質的に不動産管理料となりま

す。この方法を取った場合、不動産を管理会社に一括で貸し付けるため、実際に空室があっても賃貸割合は常に100%として評価額を計算することができるというメリットがあります。

2 行為計算の否認規定と必要経費該当性

資産管理会社が、上記 **1** **5** の**2**又は**3**、つまり、管理会社方式又はサブリース方式である場合、適正管理料であるかどうかが問題となります。

否認形態として、不動産管理会社と株主＝役員間の取引について、所得税法 157 条の同族会社の行為計算の否認規定が適用される場合と、支払った管理料が所得税法 37 条の必要経費に該当するかどうかが問題とされる場合があります。

1 所得税法 157 条で否認される場合

資産管理会社に支払う管理料について、所得税法 157 条が適用される事例は多くあります。代表例として、最高裁平成 6 年 6 月 21 日判決（Z201-7351）があります。サブリース方式によるものであり、同族会社である不動産管理会社から過少な賃貸料しか受け取らないことにより、納税者の所得税負担を不当に減少させる結果になっているとして、課税庁が、所得税法 157 条を適用し、当該不動産管理会社に対する適正な管理料として、不動産管理会社と同族関係にない比準同業者の管理料を採用し、納税者の不動産所得を計算したことに違法はないとしたものです。

所得税法 157 条が適用されるのは、同族会社の行為計算というよりも、同族会社と株主＝役員間の恣意的な行為（取引）により租税負担を免れるケースが対象となり、同族会社を一方当事者とする取引で役員（株主）側が税務否認されることとなります。サブリース方式では、結果として不動産管理会社が得る管理料が過大となるため、会社側は、その分、役員等に

給与を支払うこととし、結果として、不動産所得から給与所得への組み替えがされることもあります。

> **所得税法 157 条　同族会社等の行為又は計算の否認等**
>
> 　税務署長は、次に掲げる法人の行為又は計算で、これを容認した場合にはその株主等である居住者又はこれと政令で定める特殊の関係のある居住者（その法人の株主等である非居住者と当該特殊の関係のある居住者を含む。第4項において同じ。）の所得税の負担を不当に減少させる結果となると認められるものがあるときは、その居住者の所得税に係る更正又は決定に際し、その行為又は計算にかかわらず、税務署長の認めるところにより、その居住者の各年分の第 120 条第 1 項第 1 号若しくは第 3 号から第 8 号まで（確定所得申告書の記載事項）又は第 123 条第 2 項第 1 号、第 3 号、第 5 号若しくは第 7 号（確定損失申告書の記載事項）に掲げる金額を計算することができる。
>
> （以下略）

実際の否認事例のパターンとして、次のようなものがあげられます。

札幌高裁平成 17 年 6 月 16 日判決（Z254-9799）（棄却・確定）

　納税者がその同族会社との契約に基づき同会社に委託した管理業務のうち、一般の不動産管理会社が行っている通常の管理業務以外の管理業務、具体的には、①入居者が病気の時の入退院の付き添い、②入居時の買い物先案内や業者紹介、③新聞、宗教等の各種勧誘に対する見回り、④冬期間の水道水落しの説明会、⑤入居者募集のための広告宣伝、⑥入居者からのクレーム処理、⑦新入生、卒業生の歓送迎会の開催、⑧入居者に対する 24 時間サポート、⑨各種の法定点検や各種設備の修理の立ち会い、⑩郵便物、宅配物の代理受領や宅配便の発

送、⑪ゴミ収集場の整理、⑫甲個人の不動産賃貸借に関する会計事務といった学生下宿特有の管理業務は、不動産の貸主としての納税者の個人的な支援行為というべきであって、納税者が同族会社に委託した管理業務に含めることはできない。原処分庁が、賃貸借契約の締結・更新、入居者の募集及び集金を不動産管理会社に委託している同業者を比準同業者として抽出したことには合理性が認められ、適正管理料を超える部分について所得税法157条1項を適用し、必要経費の算入を認めなかったことには合理性を認めることができる。

- 納税者が計上した管理委託料：収入の20%
- 裁判所の調査による賃貸借契約の締結・更新、入居者の募集及び集金の管理業務の委託費として適正な金額：平成10年分5.28%、同11年分4.87%、同12年分4.66%
- 原処分庁による同上の金額：平成10年分5.5%、同11年分5.1%、同12年分5.0%
- 判決で認めた適正管理料：上記裁判所の調査による適正な金額に実費弁償的な保守管理料等を加えた金額
- 留意点：管理委託業務契約書は、管理会社に実際に管理業務が委託された後に作成されたこと、その内容は、D税理士が主導して作成し、納税者はD税理士を信頼して全面的に委ねていたことがうかがわれるのであり、D税理士は、納税者の節税対策の観点から、必ずしも実態の伴わない部分を含めて管理料の金額を定めた可能性が高いこと等を併せ勘案すると、適正管理料を超える部分について所得税法157条1項を適用し、必要経費の算入を認めなかったことには合理性を認めることができると判示されている。

高松地裁平成 24 年 11 月 7 日判決（Z262-12089）（棄却・確定）

不動産所有者が、その所有する不動産を不動産管理会社に賃貸し、不動産管理会社が当該不動産を更に第三者に賃貸する転貸方式を採用している場合における不動産所得に関する所得税法 157 条 1 項の適用の有無の判断にあたっては、管理委託方式を基にした算定方法（適正な管理料割合に基づいて算定した適正な管理料相当額を転貸料収入から控除して適正な賃貸料を算定する方法）により適正な賃貸料を算定し、これと実際の賃貸料を比較することにより、賃貸料収入が経済的合理性を欠き、所得税の負担を不当に減少させるものと評価できるかを検討すべきである。本件各係争年における適正な管理料割合は、所定の条件の下、恣意を加えることなく、納税者と業種、業態、不動産の所在地、事業規模等が類似する比準同業者を抽出したものと認められ、比較の対象となる管理料割合の事例をみると、各年の平均値といずれも近似していることにも照らし、十分合理的なものと認められる。これらをふまえ適正賃貸料等を算定すると、納税者の実際の賃貸料は著しく低額で経済的合理性を欠いており、その結果として納税者の所得税の負担を減少させるものであると認められるので、納税者の不動産所得につき、所得税法 157 条 1 項を適用することができる。

- 納税者が計上した管理委託料：平成 18 年分 71.11%、平成 18 年分 69.43%、平成 20 年分 69.54%
- 原処分庁による適正管理料：平成 18 年分 3.34%、平成 19 年分 3.86%、平成 20 年分 3.69%

2 所得税法 37 条で否認される事例

　所得税法157条ではなく、所得税法37条により、支払った管理料の必要経費性を否認する事例も散見されます。

> **所得税法37条（必要経費）**
>
> 　その年分の不動産所得の金額、事業所得の金額又は雑所得の金額（事業所得の金額及び雑所得の金額のうち山林の伐採又は譲渡に係るもの並びに雑所得の金額のうち第35条第3項（公的年金等の定義）に規定する公的年金等に係るものを除く。）の計算上必要経費に算入すべき金額は、別段の定めがあるものを除き、これらの所得の総収入金額に係る売上原価その他当該総収入金額を得るため直接に要した費用の額及びその年における販売費、一般管理費その他これらの所得を生ずべき業務について生じた費用（償却費以外の費用でその年において債務の確定しないものを除く。）の額とする。
>
> 　（以下略）

　実際の否認事例のパターンとして、次のようなものがあげられます。かつては、課税処分が取り消される事例もありましたが、最近では、管理手数料の全額が否認される事例が目立ってきています。

❶ 納税者の主張が認められた事例
平成25年3月4日裁決（J90-2-03・公表裁決）

> 　不動産賃貸業を営む納税者が平成20年分、平成21年分及び平成22年分の所得税について、自身が代表取締役を務める法人に対して賃貸物件の管理費として支払った各金員を納税者の不動産所得の金額の計算上必要経費に算入するなどして各確定申告をしたところ、原

処分庁が、当該各金員は必要経費に算入されないなどとして各更正処分及び過少申告加算税の各賦課決定処分をしたのに対し、納税者がその取消しを求めた事案であり、主な争点は、本件各金員は、納税者の本件各年分の不動産所得の金額の計算上必要経費に算入すべきであるか否かである。

　審判所は、本件同族会社は、納税者から本件各物件の管理業務の委託を受けて、当該各物件に係る消防・防災設備の点検業務並びに給湯設備の修理及び取替工事の発注を行うなどした事実、また、本件同族会社は、当該工事等を委託又は依頼した各業者と連絡を取り合い、工事等の実施内容や状況等の報告を受けていた事実が認められるとした。さらに、本件同族会社の取締役であった納税者の亡妻が、同社の業務に係る出来事をノートに記載しており、そのノートによれば、同社は随時、上記の各業者等からの連絡等を受け付け、必要な対応等を行っていたものと認められるので、以上を総合すれば、本件同族会社は、本件契約に基づき、納税者から委託を受けた本件各物件の管理業務を行っていたと認めるのが相当であるとし、したがって、本件金員は、本件同族会社が行った本件各物件の管理業務の対価であると認められるから、納税者の不動産所得の金額の計算上必要経費に算入すべきであるとした。

- 納税者が支払った管理委託料：平成20年分11,428,572円、平成21年分12,000,000円、平成22年分8,550,000円

❷ 管理手数料の必要経費性が否認された事例
平成18年6月13日裁決（J71-2-10・裁事71-205）

　不動産賃貸業を営む納税者が、不動産管理会社に支払った管理料の一部について、原処分庁が、所得税法157条1項及び同法37条

１項を適用し、不動産所得の金額の計算上必要経費に算入できないとして所得税の更正処分等を行ったのに対し、納税者がその全部の取消しを求めた事案であり、主な争点は、不動産管理会社に支払った管理料のうち、本件各年分の不動産所得の金額の計算上必要経費に算入すべき金額はいくらかである。

　審判所は、本件賃貸不動産については、①本件不動産管理会社の管理業務とされる定期的な清掃業務等は、別途、Ｍ社等の不動産管理会社に委託している管理業務と同一のものであり、Ｍ社等において本来の業務として行われていることから、当該管理業務を本件不動産管理会社に委託する客観的必要性は認められないこと、②本件賃貸不動産の敷地内の看板には、Ｍ社等の社名が明示されており、本件不動産管理会社が賃借人及び第三者の窓口等となっている事実は認められないこと、③本件不動産管理会社においては、管理業務を実施した記録がなく、同社が管理業務を実施したことを客観的に認めるに足る証拠は認められないことなどからすれば、同社が本件賃貸不動産に係る管理業務を行ったことを認めることはできないとし、したがって、納税者が本件不動産管理会社に委託した業務は、いずれも納税者の不動産所得を生ずべき業務遂行上の必要性が認められず、また、本件不動産管理会社が管理委託契約に基づく業務について履行したことを客観的に認めるに足る証拠も認められないことから、本件管理料のうち、納税者の所得税法37条１項に規定する不動産所得の金額の計算上必要経費に算入すべき金額は、零円とすることが相当であり、所得税法157条１項の規定を適用する余地はないとして、当事者双方の主張を採用することはできないとした。

- 納税者が計上した管理委託料：全ての不動産に一律に不動産年間賃貸料の10％
- 原処分庁による適正管理料：平成13年分4.19％、平成14年分

2.75%、平成 15 年分 4.4%（差替後：平成 13 年分 4.18%、
平成 14 年分 2.67%、平成 15 年分 4.30%）
● 審判所が認めた管理料：零円

平成 28 年 5 月 24 日裁決（F0-1-618・関裁（所）平 27-59）

　　不動産貸付業を営む納税者が、納税者の母が代表者を務める同族会
社に対して支払った金員を委託管理料として不動産所得の金額の計算
上必要経費に算入して申告したところ、原処分庁が、当該委託管理料
は不動産所得を生ずべき業務の遂行上必要な経費には当たらないとし
て所得税等の更正処分等をした事案である。

　　審判所は、①本件委託契約に基づき同族会社に委託された業務は、
多数の物件の管理業務であり、委託された具体的な業務も委託契約 2
条に記載のとおり、多岐にわたるにもかかわらず、同族会社の役員は
高齢の母のみであり、従業員はいなかったこと、②母は自ら車を運転
して巡回することができず、また、耳が遠いのでクレーム対応の電話
には出られないこと、③同族会社には、母に対する役員報酬以外に人
件費や外注費の支払がなかったこと、④物件 1 から物件 5 までの各
物件については、本件委託契約とは別に、各管理委託会社に業務を網
羅的に委託していたことが認められることから、これらの事実に照ら
せば、少なくとも各物件のうち、物件 1 から物件 5 までの各物件に
ついては、同族会社に管理業務を委託する必要性は極めて乏しい上、
そもそも同族会社自体、本件委託契約に基づく管理業務を履行する能
力に疑義があるといわざるを得ないところ、これを外部に再委託する
などしていなかったことからすると、同族会社が本件委託契約に基づ
く管理業務を行っていたとは考え難いといわざるを得ず、当審判所の
調査の結果によっても、これを認めることはできないとし、このよう

に、納税者は、高齢の母一人が役員を務め、他に従業員がいない同族会社との間で、管理業務を委託する必要性が極めて乏しい物件を含めて本件委託契約を締結し、現に同族会社が本件委託契約に基づく業務を行ったとは認められないという本件の事実関係からすれば、納税者及び同族会社は、同族会社が本件委託契約に基づく管理業務を行うことをそもそも予定していなかったとみるのが相当であるとして、本件各金員は、各物件の管理業務に対する対価として支払われたものとはいえないから、所得税法 37 条 1 項に規定する所得を生ずべき業務について生じた費用に該当せず、したがって、本件各金員は、不動産所得の金額の計算上必要経費に算入されないとして、納税者の請求を退けた。

● 納税者が計上した管理委託料：年額 720 万円

● 審判所が認めた管理料：零円

平成 29 年 10 月 4 日裁決（F0-1-833・関裁（所）平 29-11）

　不動産貸付業を営む納税者は、自らが代表者を務める A 社に対して業務管理料の名目で支払った金額を不動産所得に係る必要経費に算入し、A 社から支給された役員給与を給与所得として申告していたが、調査を契機として、業務管理料の一部を必要経費の金額から減額するとともに、役員給与を返還することから給与所得の金額は○○であるとする修正申告をした。本件は、原処分庁が、減額後の業務管理料についても必要経費に該当せず、また、役員給与を返還したとしても給与所得の金額は減額されないとして所得税等の更正処分等を行った事案である。

　審判所は、土地の賃借人である B 社は、各土地を B 社の店舗敷地及び駐車場として使用し、店舗建物や各設備の補修工事及び保守点検

等並びに近隣住民からの苦情等への対応をいずれも自ら行っていたことから、納税者が各土地の補修工事や設備の保守点検等をＡ社に委託する必要性は乏しかったといわざるを得ないとし、また、Ａ社が行っていた各土地に係る会計業務は、必要書類を準備して税務代理人に引き渡すにとどまるところ、Ａ社は設備・備品等を専有せず、Ａ社の会計書類を保管している金庫は納税者の所有物であり、Ａ社の通帳や現金出納帳が、当該金庫内において納税者の通帳や領収証と共に保管されていたことからすれば、Ａ社に会計業務を委託する必要性は極めて乏しいとした。結局、Ａ社が行ったとされる委託契約に定める設備の保守点検等及び契約の管理運営業務並びに報告等の会計業務は、いずれもその実体がなく、審判所の調査の結果によっても、Ａ社が、各委託業務等を行った事実は認められないことから、業務管理料の名目で支払った金員は、納税者の営む不動産貸付業務と直接関係を持ち、かつ、当該業務の遂行上必要なものとは認めることはできないから、所得税法 37 条 1 項に規定する不動産所得を生ずべき業務について生じた費用には当たらないので、本件金員は、本件各年分の不動産所得の金額の計算上必要経費に算入されないとして、納税者の請求を退けた。

　納税者が計上した管理委託料：年額 540 万円（14.56%）
　審判所が認めた管理料：零円

令和元年 5 月 23 日裁決（FO-1-1078・名裁（所）平 30-36）

　不動産賃貸業を営む納税者は、親族（妻乙、子丙及びその妻丁）が役員を務める不動産管理会社Ａ社に外注費を支払っていた。また、平成 27 年 7 月まで乙に対し青色事業専従者給与を、同年 8 月からは丙に対し給与を支払っていた。本件は、納税者が外注費として支

払った金員を必要経費に算入して申告したところ、原処分庁から、当該金員は不動産所得を生ずべき業務について生じた費用に該当せず、必要経費に算入することはできないとして更正処分等を受けた事案である。

　審判所は、①不動産賃貸業に係る管理業務は多岐にわたっていることから、その性質上、管理者と委託者の間において、委託業務の範囲を確定し、管理者は委託者に対して管理業務に関する報告をすることが一般的であるにも関わらず、納税者及びA社は、契約書等の合意文書、A社が本件委託業務に従事したことを証する業務日誌等の報告書のほか、本件委託業務に係る請求書及び領収証などをいずれも作成していないこと、②本件委託業務に係る契約の根幹部分をなす業務の範囲についての合意が明示的にされていたとは認め難いこと、③本件賃貸業に係る管理業務について、賃料等の管理及び記帳業務を、妻乙及び子の妻丁が行っている事実は認められるものの、契約終了に係る業務の一部は、建設会社B社が行っていたこと、④本件賃貸業に係る各書類には、A社の記載がないことから、A社が上記以外の本件賃貸業に係る管理業務を行っていたことを認めるに足りる証拠はないとし、更に、妻乙及び子の妻丁が行っている賃料等の管理業務及び記帳業務については、本件委託業務に係る合意が明示的にされていたとは認め難いことに加えて、乙は青色事業専従者として従事していた者であること並びに当該業務に要すると推測される労力等からすれば、乙が行った管理業務及び記帳業務は、納税者の青色事業従者として行ったものと認めるのが相当であり、また、乙が高齢であったことなどから、平成27年8月からは子丙が業務を分担し、丁はこれを補助するようになったと認めるのが相当であることから、乙及び丁が行った業務は、A社の業務として行われたものとは認められないとして、A社に外注費として支払った金員は、所得税法37条1項に規定する

必要経費に該当しないとして納税者の請求を退けた。

- 納税者が計上した管理委託料：年額 240 万円
- 審判所が認めた管理料：零円

③ 不動産管理会社へ支払う管理料についての留意点

　所得税法 157 条による否認であれば、同業者比率により、収入金額の数％の管理料の必要経費算入が認められますが、同法 37 条による否認であれば、全額が必要経費として認められないこととなります。つまり、収入を得るための必要な経費であることを示すため、個人と同族会社との業務委託契約の内容を明確にし、その内容に従って、業務遂行をしたという記録を残す必要があります。

　上記令和元年 5 月 23 日裁決では、国土交通省が策定した参考書式である「賃貸住宅標準管理委託契約書」を引き合いに出して、同族会社の管理の実態を判断していますが、これは、令和 2 年に制定された「賃貸住宅の管理業務等の適正化に関する法律（賃貸住宅管理適正化法）」により、賃貸住宅管理業登録制度の運用が義務化され、管理委託契約書は同制度との整合性が必要となったことにより、先行して平成 30 年 3 月 30 日付けで改訂されたものです。

　この契約書は個々の物件に合わせて適宜変更や追加して用いると非常に使いやすいフォーマットといえ、参考のため全文を次に掲載します（国土交通省ホームページ　https://www.mlit.go.jp/common/001228954.pdf）。

　なお、この契約書は、契約の実態を反映したものでなければならず、札幌高裁平成 17 年 6 月 16 日判決のように、税理士主導で作成すべき性格のものでもないことはいうまでもありません。

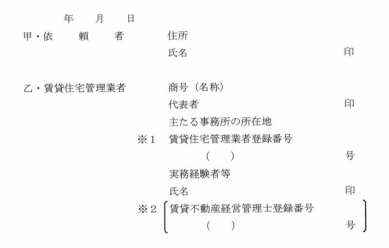

賃貸住宅標準管理委託契約書

1　この契約は、目的物件について、次の管理業務を当社に委託するものです。
　① 契約管理業務(賃料等の徴収、運営・調整、契約更新、契約終了の業務)
　② 清掃業務(目的物件の共用部分、屋外等の各種清掃業務)
　③ 設備管理業務(建物、屋外施設、電気設備等の点検等の業務)
　④ 特約業務
2　この契約の有効期間は、3か年です。
3　依頼者又は当社は、少なくとも3か月前に文書により解約の申入れを行うことにより、この契約を終了させることができます。

　依頼者(以下「甲」といいます。)は、この契約書により、頭書(1)に記載する甲の依頼の目的である物件(以下「目的物件」といいます。)について、管理業務を賃貸住宅管理業者(以下「乙」といいます。)に委託し、乙はこれを承諾します。

　　　　年　　月　　日
　甲・依　　頼　　者　　　　住所
　　　　　　　　　　　　　　氏名　　　　　　　　　　　　　印

　乙・賃貸住宅管理業者　　　商号（名称）
　　　　　　　　　　　　　　代表者　　　　　　　　　　　　印
　　　　　　　　　　　　　　主たる事務所の所在地
　　　　　　　　※1　賃貸住宅管理業者登録番号
　　　　　　　　　　　　　　　（　　）　　　　　　　　号
　　　　　　　　　　　　　　実務経験者等
　　　　　　　　　　　　　　氏名　　　　　　　　　　　　　印
　　　　　　　　※2　［賃貸不動産経営管理士登録番号
　　　　　　　　　　　　　　　（　　）　　　　　　　　号　］

※1　賃貸住宅管理業者登録番号は、賃貸住宅管理業者登録規程第5条第1項第2号の
　　登録番号を記載する。
※2　記名押印する実務経験者等が賃貸不動産経営管理士の場合は登録番号を記載する。

(1) 管理の目的物件

名　称	
所 在 地	
構　造	造 階建	工事完了年月	年　　月

(2) 賃貸借条件

住　　戸			賃　料　等				敷　金　等	
住戸番号 （号室）	面　積 （㎡）	間取り	賃　料 （月額　円）	共 益 費 （月額　円）	付属施設		敷　金 （賃料の か月分）	その他 一時金
					種 類	使用料		

(3) 管理報酬

	報　酬　額	支　払　時　期
契約管理業務に係る報酬		
清掃業務に係る報酬		
設備管理業務に係る報酬		
（特約業務に係る報酬）		

(4)　敷金等及び賃料等の引渡し

敷金等及び賃料等の振込先	賃料等の引渡期日
振込先金融機関名： 預　　　　　金：　普通　・　当座 口　座　番　号： 口　座　名　義　人：	毎月　　　　日まで

(5)　有効期間

始　　期	年　　　月　　　日	3か年
終　　期	年　　　月　　　日	

（管理業務の内容）

第1条　甲は、次の業務（以下「管理業務」といいます。）を乙に委託します。

一　契約管理業務（別表第一に掲げる業務）

二　清掃業務（別表第二に掲げる業務）

三　設備管理業務（別表第三に掲げる業務）

四　特約業務（別表第四に掲げる業務）

（第三者への再委託）

第2条　乙は、管理業務のうち、前条各号の業務の一部を、別表第五に従って、他の者に再委託することができます。

2　乙は、前条の規定にかかわらず、別表第一1の業務、同表3の業務及び同表4の業務を、一括して他の者に委託してはなりません。

3　乙は、第一項によって再委託した業務の処理について、甲に対して、自らなしたと同等の責任を負うものとします。

（代理権の授与）

第3条　乙は、管理業務のうち次の各号に掲げる業務について、甲を代理するものとします。ただし、乙は、第四号から第六号までに掲げる業務を実施する場合には、その内容について事前に甲と協議し、承諾を求めなければなりません。

一　敷金その他一時金（以下「敷金等」といいます。）並びに賃料、共益費及び附属施設使用料（以下「賃料等」といいます。）の徴収

二　未収金の督促

三　賃貸借契約に基づいて行われる借主から甲への通知の受領

四　賃貸借契約の更新

五　修繕の費用負担についての借主との協議

六　賃貸借契約の終了に伴う原状回復についての借主との協議

（借主に対する本契約締結時の書面の交付）

第4条　乙は、この契約を締結したときは、遅滞なく、次の各号に掲げる事項を記載した書面を作成しなければなりません。これらの事項に変更があったときも、同様とします。

一　乙の商号又は名称

二　管理業務の対象となる賃貸住宅の部分

三　管理業務の内容及び実施方法（第13条第4項の規定により管理する財産の管理の方法を含む。）

四　乙の電話番号その他の連絡先等

2　乙は、次の各号のいずれかに該当するときは、この契約の対象となる賃貸住宅の住戸の借主に対し、遅滞なく、前項に規定する書面を交付しなければなりません。

一　この契約を締結した後に新たにこの契約の対象となる賃貸住戸の賃貸借契約が締結されたとき。

二　賃貸借契約が既に締結されている賃貸住宅についてこの契約を締結したとき。

3　乙は、第一項各号に掲げる事項に重要な変更があったときは、この契約の対象となる賃貸住宅の住戸の借主に対し、当該変更の内容を周知するための必要な措置をとらなければなりません。

（借主に対する賃貸借契約の更新時の書面の交付）

第5条　乙は、この契約の対象となる賃貸住宅に係る賃貸借契約が更新されたときは、当該借主に対し、遅滞なく、次に掲げる事項について、これらの事項を記載した書面を交付しなければなりません。

一　当該賃貸借契約の更新後の期間

二　更新後の家賃の額並びにその支払の時期及び方法

三　家賃以外の金銭の授受に関する定めがあるときは、その額並びに当該金銭の授受の時期及び目的

（借主に対する賃貸借契約の契約終了時の書面の交付）

第6条　乙は、この契約の対象となる賃貸住宅に係る賃貸借契約が終了する場合において、当該借主に対し当該契約の終了に伴う債務の額を提示しようとするときは、当該額の算定の基礎について記載した書面を交付しなければなりません。

2　乙は、前項の規定により書面を交付した後において、当該借主から、当該額の算定の基礎について説明を求められたときは、説明を求められた事項を説明しなければなりません。

（管理業務の情報提供等）

第7条　甲は、乙が管理業務を行うために必要な情報を提供しなければなりません。

2　甲は、乙から要請があった場合には、乙に対して、委任状の交付その他管理業務を委託したことを証明するために必要な措置を採らなければなりません。

3　甲が、第1項に定める必要な情報を提供せず、又は、前項に定める必要な措置をとらず、そのために生じた乙の損害は、甲が負担するものとします。

4　甲は、目的物件の住宅総合保険、施設所有者賠償責任保険等の損害保険への加入の状況を乙に提供しなければなりません。

（個人情報保護法等の遵守）

第8条　甲及び乙は、管理業務を行うに際して、個人情報保護法及び行政手続における特定の個人を識別するための番号の利用等に関する法律を遵守し、個人情報及び個人番号について適切な対処をすることができるように、互いに協力するものとします。

（反社会的勢力の排除）

第9条　甲及び乙は、それぞれ相手方に対し、次の各号の事項を確約します。

一　自らが、暴力団、暴力団関係企業、総会屋若しくはこれらに準ずる者又はその構成員（以下総称して「反社会的勢力」という。）ではないこと。

二　自らの役員（業務を執行する社員、取締役、執行役又はこれらに準ずる者をいう）が反社会的勢力ではないこと。

三　反社会的勢力に自己の名義を利用させ、この契約を締結するものでないこと。

四　自ら又は第三者を利用して、次の行為をしないこと。

　ア　相手方に対する脅迫的な言動又は暴力を用いる行為

　イ　偽計又は威力を用いて相手方の業務を妨害し、又は信用を毀損する行為

2　甲又は乙の一方について、次のいずれかに該当した場合には、その相手方は、何らの催告を要せずして、本契約を解除することができる。

一　前項第一号又は第二号の確約に反する申告をしたことが判明した場合

二　前項第三号の確約に反し契約をしたことが判明した場合

三　前項第四号の確約に反した行為をした場合

（善管注意義務）

第10条　乙は、善良なる管理者の注意をもって、管理業務を行わなければなりません。

（管理報酬の支払い）

第11条　甲は、乙に対して、管理業務に関して、頭書(3)の記載に従い、管理報酬を支払わなければなりません。

2　甲は、甲の責めに帰することができない事由によって乙が管理業務を行うことができなくなったとき、又は、乙の管理業務が中途で終了したときには、既にした履行の割合に応じて、前項の報酬を支払わなければなりません。

（乙が立て替えた費用の償還）

第12条　乙が管理業務を遂行する上でやむを得ず立て替えた費用については、甲は、

乙に、速やかに、償還しなければなりません。

（敷金等及び賃料等の引渡し）

第 13 条　乙は、この契約の対象となる賃貸住宅の賃貸借契約の成立により徴収した敷金等を、頭書(4)に記載する振込先に振り込むことにより、速やかに、甲に引き渡さなければなりません。

2　乙は、借主から徴収した当月分の賃料等を、毎月、頭書(4)に記載する振込先に、頭書(4)に記載する期日までに振り込むことにより、甲に引き渡さなければなりません。

3　前項の場合において、乙は、賃料等から、当月分の管理報酬等で賃料等から差し引くことについてあらかじめ甲の承諾を得ているものを差し引くことができます。

4　乙は、借主から受領した敷金等及び賃料等について、甲に引き渡すまで、整然と管理する方法により、自己の固有財産及び他の貸主の財産と分別して管理しなければなりません。

（管理業務に関する報告等）

第 14 条　乙は、管理業務の内容に応じて甲との合意に基づき定めた期日に、甲と合意した頻度に基づき定期に、甲に対し、管理業務に関する報告をしなければなりません。

2　前項の規定による報告のほか、甲は、必要があると認めるときは、乙に対し、管理業務の執行に関して報告を求めることができます。

3　乙は、その業務を行うに当たり、借主から賃貸借契約に定めのない金銭その他の財産を受領したときは、甲に対し、その旨を通知しなければなりません。

4　前三項の場合において、甲は、乙に対し、管理業務に係る関係書類の提示を求めることができます。

5　甲又は乙は、必要があると認めるときは、管理業務の執行に関して相互に意見を述べ、又は協議を求めることができます。

（住戸への立入調査）

第 15 条　乙は、管理業務を行うため必要があるときは、住戸に立ち入ることができます。

2　前項の場合において、乙は、あらかじめその旨を当該住戸の借主に通知し、その承諾を得なければなりません。ただし、防災等の緊急を要するときは、この限りでありません。

（免責事項）

第 16 条　乙は、甲が次の各号に掲げる損害を受けたときは、その損害を賠償する責任を負わないものとします。

一　天災地変等不可抗力による損害

二　乙の責めに帰すことができない火災、盗難等の事故の発生による損害

三　乙が善良なる管理者の注意をもって管理業務を行ったにもかかわらず生じた諸設備の故障による損害

四　前各号に定めるもののほか、乙の責めに帰すことができない事由によって生じた損害

（有効期間）

第 17 条　この契約の有効期間は、頭書(5)に記載するとおりとします。

（更新）

第 18 条　この契約の有効期間は、甲及び乙の合意に基づき、更新することができます。

2　前項の更新をしようとするときは、甲又は乙は、有効期間が満了する日までに、相手方に対し、文書でその旨を申し出るものとします。

3　前二項による有効期間の更新に当たり、甲乙間で契約の内容について別段の合意がなされなかったときは、従前の契約と同一内容の契約が成立したものとみなします。

（契約の解除）

第 19 条　甲又は乙がこの契約に定める義務の履行に関してその本旨に従った履行をしない場合には、その相手方は、相当の期間を定めて履行を催告し、その期間内に履行がないときは、この契約を解除することができます。

2　次の各号のいずれかに該当する場合には、甲は、この契約を解除することができます。

一　乙がこの契約に係る重要な事項について故意若しくは重過失により事実を告げず、又は不実のことを告げる行為をしたとき。

二　乙が賃貸住宅管理業に関して不正又は著しく不当な行為をしたとき。

三　乙が業務に関して他の法令に違反し、賃貸住宅管理業者として不適当であると認められるとき。

（解約の申入れ）

第20条　甲又は乙は、その相手方に対して、少なくとも3か月前に文書により解約
　　の申入れを行うことにより、この契約を終了させることができます。

2　前項の規定にかかわらず、甲は、3か月分の管理報酬相当額の金員を乙に支払う
　　ことにより、随時にこの契約を終了させることができます。

（契約終了時の処理）

第21条　この契約が終了したときは、乙は、甲に対し、目的物件に関する書類及び
　　この契約に関して乙が保管する金員を引き渡すとともに、賃料の滞納状況を報告し
　　なければなりません。

2　この契約が終了したときは、甲及び乙は、借主に対し、遅滞なく、乙による目的
　　物件の管理業務が終了したことを通知し、甲は、借主に対し、遅滞なく、新たに目
　　的物件の管理を行うこととなる者を通知しなければなりません。

（合意管轄裁判所）

第22条　この契約に起因する紛争に関し、訴訟の提起等裁判上の手続きをしようと
　　するときは、　　地方（簡易）裁判所をもって管轄裁判所とするものとします。

（別表第一）

契約管理業務

業務区分	業　務　内　容	業　務　実　施　要　領
1 賃料等の徴収業務	(1) 賃料等の徴収	イ　借主による乙の銀行口座への振込み又は借主の銀行口座からの自動引落しにより、借主から賃料等を徴収する。 ロ　銀行から送信される借主の月々の振込データにより入金状況を確認し、甲に報告する。 ハ　振り込まれた賃料等から、報酬及び賃料から差し引くことについてあらかじめ甲の承諾を得ている費用を差し引き、頭書(4)の記載に従い、甲に引き渡す。振込手数料については、甲の負担とする。
	(2) 未収金の督促	イ　銀行から送信された振込データを基に未収金リストを作成する。 ロ　滞納者に対し、電話、訪問、督促状により督促を行う。 ハ　ロの督促にもかかわらず、なお滞納者が賃料等を支払わないときは、その後の請求は甲が行う。
	(3) 管理費用の支払代行	共用部分に係る電気代等甲が支払うべき費用について、徴収した賃料等から支払いを行い、甲に報告する。支払代行を行う費用の範囲については、あらかじめ甲と協議して定める。
	(4) 月次報告書の作成及び送付	毎月、精算業務終了後、その月の収支状況を記載した報告書を作成し、甲に送付する。

業務区分	業務内容	業務実施要領
2 運営・調整業務	(1) 入居立会い	入居日又はそれに先立つ日に立ち会い、室内の点検、電気・ガス・水道の開栓等の確認、建物の使用に関する規則、設備の使用方法等について、借主に説明を行う。
	(2) 建物、設備の苦情等への対応	イ 借主から建物、設備等の不具合について苦情等があった場合には、これを聴取し、現状の確認を行う。 ロ 建物、設備等に関して修繕等の必要があると認められる場合には、修繕業者に連絡し、見積書を作成させる。 ハ 工事内容、費用及び甲と借主との負担割合について、甲と協議する。 ニ 甲と協議した内容に基づき、甲を代理して借主の負担額等について借主と協議し、借主の合意を得る。 ホ 修繕業者に対して、工事を発注する。 ヘ 工事終了後、点検を行った上、工事費用を負担すべき者に対し、当該費用の請求を行う。 ト 事故等により、緊急に修繕の必要があり、乙と甲又は借主との間で事前に調整を行う時間的余裕がない場合は、乙はイからへの手続きによらず、修繕を実施することができる。この場合においては、修繕の内容及び費用を速やかに甲又は借主に通知し、費用負担に関する調整は事後に行うものとする。
	(3) 借主等からの苦情等への対応	イ 借主又は近隣在住者から苦情等の申出があった場合は、事情を聴取し、現状の確認を行う。 ロ 甲に現状の報告を行い、処理方針を協議する。 ハ 甲と協議した内容に基づき、相手方に対する是正申入れ等の措置を講じる。 ニ 甲及び苦情の申出者に対して処理結果を報告する。

業務区分	業　務　内　容	業　務　実　施　要　領
2 運営・調整業務	(4) 有害行為に対する措置	イ　借主が法令、賃貸借契約若しくは使用規則に違反する行為又は目的物件の保存に有害な行為を発見した場合には、その行為の中止を求める。 ロ　中止の要求に応じない場合には、その後の中止の要求は甲が行う。
	(5) 賃貸借契約に基づく甲と借主との間の連絡調整	イ　解約の申入れその他賃貸借契約に基づいて行われる借主から甲への通知を、甲を代理して受領し、甲に連絡する。 ロ　借主から住戸の模様替え、共用部分における広告物の掲示その他賃貸借契約上甲の承諾が必要な行為の申出があった場合において、借主と甲との間の連絡調整を行う。 ハ　その他賃貸借契約に関して甲と借主との間の連絡調整を行う。
	(6) 諸官公庁等への届出事務の代行	必要に応じ、官公署、電力、ガス会社等への諸届けを代行する。
	(7) 台帳の管理等	賃貸借条件、賃料変更状況等について記載された台帳を作成し、保管する。
	(8) 空室管理	空室となっている募集物件について、定期的に巡回、換気を行う。

業務区分	業務内容	業務実施要領
3 契約更新業務	(1) 借主の更新意思の確認	賃貸借契約の有効期間が満了する一定期間前に、借主に対し、契約の継続意思の確認を行う。
	(2) 新賃貸条件の提案及び交渉	イ　近隣賃貸物件の賃料相場についての調査に基づき、継続賃料の査定を行い、当該賃料について甲と協議する。 ロ　甲と協議した内容に基づき、甲を代理して賃料改定について借主と協議する。 ハ　借主が賃料改定について合意した後、契約更新を証する書類に甲を代理して署(記)名押印するとともに、借主の署(記)名押印を得て、甲と借主の双方にこの書類を送付する。

業務区分	業務内容	業務実施要領
4 契約終了業務	(1) 解約に伴う借主と甲との連絡調整	賃貸借契約の終了が確実となった場合には、解約日、物件引渡日等日程の調整を借主と行い、甲に報告する。
	(2) 明渡しの確認及び鍵の受領	物件の明渡しを確認して、借主から鍵を受領する。
	(3) 住戸部分の原状回復についての借主との協議	イ　明渡し後、借主とともに修繕箇所の点検を行い、修繕業者に修繕費の見積りを算出させる。 ロ　修繕内容、費用及び甲と借主との負担割合について、甲と協議する。 ハ　甲との協議の内容に基づき、甲を代理して借主の負担額等について借主と協議し、借主の合意を得る。 ニ　修繕業者に対して、工事を発注する。 ホ　修繕工事終了後、点検を行った上、修繕費を負担する者に対し、当該費用の請求を行う。
	(4) 敷金の精算事務	イ　借主の負担する修繕費等の債務が敷金と相殺される場合には、精算書を作成し、甲及び借主に報告する。 ロ　残余金の返還の必要がある場合には、精算書に従い、残余金の返還を行うべき旨を甲に通知する

（別表第二）

清掃業務

区分	作業種別（場所別）	建物部分											屋外部分					その他		
		玄関ホール	廊下	階段	屋外階段	共同トイレ	共同備品施設	壁・天井					建物廻り	植栽部分・庭	自転車置場	ゴミ集積所	壁・造作	マンホール	駐車場	
作業標準回数	1　掃き掃除																			
	2　紙屑等処理																			
	3　拭き掃除																			
	4　水洗い処理																			
	5　ワックス掃除																			
	6　ガラス拭き																			
	7　ドア拭き																			
	8　排水口掃除																			
	9　金属磨き																			
	10　ポリ容器洗い																			
	11　灯具掃除																			
	12　除草																			

備考

　場所別・作業種別毎の作業は、通常要する範囲及び時間において行う作業とすること。この場合において、常時利用状態にある等のため作業実施後、直ちに汚損することがある場所等については、通常の作業工程を一通り終わった段階で作業完了したものとする。

（別表第三）

設備管理業務

業務対象箇所	業務内容	
	定期的外観点検等	整備・修理及び法定点検等
1　建物		
玄関廻り	表層部外観点検　　　回／年	
廊下	表層部外観点検　　　回／年	
屋根	表層部外観点検　　　回／年	
内壁（空室時のみ）	表層部外観点検　　　回／年	
外壁	表層部外観点検　　　回／年	
共用トイレ	外観点検　　　　　　回／年	
2　屋外施設		
塀・フェンス	外観点検　　　　　　回／年	
掲示板	外観点検　　　　　　回／年	
駐車場	外観点検　　　　　　回／年	
自転車置場	外観点検　　　　　　回／年	
植栽部分・庭	外観点検　　　　　　回／年	
ゴミ集積所	外観点検　　　　　　回／年	
水道	外観点検　　　　　　回／年	
外灯	外観点検　　　　　　回／年	
マンホール	外観点検　　　　　　回／年	
3　電気設備		
1）自家用受変電設備		定期検査　　　　1回／年 保守点検　　　　1回／年
2）自家用受変電設備以外の電気設備	外観点検　　　　　　回／年	
◇照明器具		都度管球取替

業務対象箇所	業務内容	
	定期的外観点検等	整備・修理及び法定点検等
4　給排水衛生設備		
1)給水設備		
◇受水槽	外観内部点検　　　回／月	内清掃・整備　　　回／年
◇		
2)排水衛生設備		
◇排水管	外観点検　　　　　回／月	都度清掃
◇雨水・排水桝	外観点検　　　　　回／月	都度清掃
		保守点検　　　　　回／月
3)浄化槽設備		
5　テレビ共聴設備	外観点検　　　　　回／年	調整
6　消防・防災設備		
1)自動火災報知器		法定点検　　　　2回／年
		法定点検　　　　2回／年
2)消火設備		
3)防犯設備	外観点検　　　　　回／月	

（別表第四）

特約業務

業務 区分	業 務 内 容	業 務 実 施 要 領
特 約 業 務		

（別表第五）
別表第一関係
契約管理業務

業務区分	業務内容	第三者への再委託の可否	
1 賃料等の徴収業務	(1) 賃料等の徴収	可	否
	(2) 未収金の督促	可	否
	(3) 管理費用の支払代行	可	否
	(4) 月次報告書の作成及び送付	可	否
2 運営・調整業務	(1) 入居立会い	可	否
	(2) 建物、設備の苦情等への対応	可	否
	(3) 借主等からの苦情等への対応	可	否
	(4) 有害行為に対する措置	可	否
	(5) 賃貸借契約に基づく甲と借主との間の連絡調整	可	否
	(6) 諸官公庁等への届出事務の代行	可	否
	(7) 台帳の管理等	可	否
	(8) 空室管理	可	否
3 契約更新業務	(1) 借主の更新意思の確認	可	否
	(2) 新賃貸条件の提案及び交渉	可	否
4 契約終了業務	(1) 解約に伴う借主と甲との連絡調整	可	否
	(2) 明渡しの確認及び鍵の受領	可	否
	(3) 住戸部分の原状回復についての借主との協議	可	否
	(4) 敷金の精算事務	可	否

別表第二関係

清掃業務

場所別	第三者への再委託の可否
1 建物部分	可　・　否
2 屋外部分	可　・　否
3 その他	可　・　否

別表第三関係
設備管理業務

業務対象個所		第三者への再委託の可否
1 建物		可　・　否
2 屋外施設		可　・　否
3 電気設備	(1)自家用受変電設備	可　・　否
	(2)自家用受変電設備以外の電気設備	可　・　否
	◇照明器具	可　・　否
4 給排水衛生設備	(1)給水設備	可　・　否
	◇受水槽	可　・　否
	(2)排水衛生設備	可　・　否
	◇排水管	可　・　否
	◇雨水・排水枡	可　・　否
	(3)浄化槽設備	可　・　否
5 テレビ共聴設備		可　・　否
6 消防・防災設備	(1)自動火災報知器	可　・　否
	(2)消火設備	可　・　否
	(3)防犯設備	可　・　否

<hr>

賃貸住宅標準管理委託契約書コメント

　賃貸住宅標準管理委託契約書（以下「本契約書」という。）コメントは、本契約書の性格、内容を明らかにする等により、本契約書が実際に利用される場合の指針として作成したものです。

全般関係
① 　本契約書は居住のみを目的とした民間賃貸住宅１棟全体について、賃貸住宅管理業者が所有者から管理業務を受託する場合の管理委託契約書です。
② 　この契約書は、賃貸住宅に共通する管理事務に関する標準的な契約内容を定めたものであり、実際の契約書作成にあたっては、個々の状況や必要性に応じて内容の加除、修正を行い活用されるべきものです。
③ 　賃貸住宅管理業者登録規程（平成２３年９月３０日国土交通省告示第９９８号）（以下「登録規程」という。）第３条は、賃貸住宅管理業を営もうとする者が賃貸住宅管理業者登録簿に登録を受けることができる旨を定め、同条によって登録を受けた賃貸住宅管理業者（以下「登録業者」という）に対して、賃貸住宅管理業務処理準則（平成２３年９月３０日国土交通省告示第９９９号）（以下「処理準則」という。）の遵守を義務づけています（登録規程第１７条）。本契約書には、登録業者に義務づけられる処理準則による遵守事項が契約上の義務として定められています。
④ 　登録業者は、処理準則第６条第１項によって、管理受託契約を締結したときは、貸主に対し、遅滞なく、同項所定の事項を記載した書面（以下「処理準則第６条の書面」という。）を交付しなければならないものとされています。本契約書には、同項所定の事項が記載されているので、本契約書を貸主に対して交付することによって、処理準則第６条の書面を交付したものとすることが考えられます。
⑤ 　登録業者が、本契約書を処理準則第６条の書面として作成する場合には、実務経験者等をして、当該書面に記名押印させなければなりません（処理準則第６条第２項）。
　　実務経験者等とは、登録規程第７条に規定する者であり（処理準則第５条第１項）、管理事務に関し６年以上の実務の経験を有する者又はこの者と同程度の実務の経験を有すると国土交通大臣が認定した者です（登録規程第７条）。認定の申請に係る者が、一般社団法人賃貸不動産経営管理士協議会の賃貸不動産経営管理士資格制度運営規程第１７条に基づく賃貸不動産経営管理士試験に合格し、同規程第３１条に基づく登録を受けている者（以下「賃貸不動産経営管理士」という。）である場合には、国土交通大臣による認定が行われるものとされています（賃貸住宅管理業者登録規程及び賃貸住宅管理業務処理準則の解釈・運用の考え方（平成２３年１０月

　　２５日国土動指第４６号）（以下「ガイドライン」という。）登録規程第７条関係（３）
①）。

　　登録業者が、本契約書を処理準則第６条の書面として作成し、賃貸不動産経営管
理士に実務経験者としての記名押印をさせる場合には、本契約書における甲乙の記
名押印欄に、賃貸不動産経営管理士の登録番号も明記するものとします。

⑥　実際に本契約書を使用する場合においては、地域慣行、物件の構造や管理の態様
等により、契約内容が異なり得ます。本契約書は全国を適用範囲とする契約書の雛
形として作成したものであり、その賃貸住宅の標準的な管理委託契約にて最低限定
めなければならないと考えられる事項について、合理的な内容を持たせるべく作成
したものです。個々の契約については、特約による契約内容の補充がされるケース
もあると想定されることから、本契約書は、管理業務の内容に特約業務を設けてい
ます。

⑦　なお、本契約書については、賃貸住宅管理委託契約書の普及状況等を踏まえ、今
後、必要な見直しを行うものです。

第１条（管理業務の内容）関係
①　処理準則第６条の書面の記載事項には、管理事務の内容及び実施方法が含まれま
すが、本条で定める管理業務の詳細については、別表第一から第四に示すものとし
ています。別表第二及び別表第三は空欄を埋める形式となっているため、処理準則
遵守の観点から別表第二においては清掃業務の作業種及び場所別の作業標準回数、
別表第三においては設備管理業務の業務対象箇所別の点検等の頻度等の業務内容
を記載する必要があります。
②　甲が乙に対して、通常の管理業務のほか、例えば、事故や大規模災害等により不
定期に実施する清掃、補修工事等の業務を依頼し、乙がこの依頼を承諾する場合に
は、特約業務として、依頼する業務の内容とこれに対する対価の額及びその支払い
方法を、明記することが考えられます。

第２条（第三者への再委託）関係
①　委任契約は、信頼関係を基礎とするため、受任者である乙は原則として自ら事務
処理をしなければなりません。しかし、第三者に再委託する旨の規定を設ければ、
第三者への委託は可能です。第１項は、管理業務の一部を、別表第五に従って、再
委託できるものとしました。ただし、処理準則第１４条第２項により、登録業者は、
基幹事務については、これを一括して他の者に委託してはなりません。本契約書で
は、賃料等の徴収、契約の更新、及び契約の終了に係る事務が基幹事務に該当しま
すので、第２項によって、これらの事務を一括して他の者に委託することを禁じま

した。再委託の時期を問わず結果的に基幹事務の全てについて他者に再委託することや、基幹事務を複数の者に分割して全て委託することも禁止されます（ガイドライン処理準則第14条関係2）。

②　処理準則第6条の書面の記載事項には、管理事務の再委託に関する定めがあるときは、その内容が含まれますが、別表第五において、業務内容別に第三者への再委託の可否を記載し、再委託の範囲を明示しておく必要があります。

第4条(借主に対する本契約締結時の書面の交付)関係

①　第1項第3号の管理事務の内容及び実施方法については、貸主に対して交付する書面（処理準則第6条）と同じ記載である必要はありませんが、借主がどのような管理サービスを受けるのか把握できるように書面交付をすることを要します。

②　第1項第4号の乙の電話番号その他の連絡先等とは、借主が、緊急時に登録業者に確実に連絡を取ることができる連絡先等です。コールセンター等に連絡受付業務を委託している場合にあっては、その連絡先等を含みます（ガイドライン処理準則第7条関係1及び2）。

③　第3項の変更の内容を周知するための必要な措置に関し、家賃等の金銭の振込先口座の変更については、当該賃貸住宅に入居している各借主に対し、書面交付等の方法により変更内容を確実に周知できる方法を用いる必要があります。連絡先の電話番号や担当者の変更等の軽微な変更については、賃貸住宅内に設置されている掲示板への掲示によって行うことができます。（ガイドライン処理準則第7条関係2）

④　本契約書の対象となる賃貸住宅について、貸借を代理若しくは媒介する宅地建物取引業者が作成する重要事項説明書や賃貸借契約書において、本条に規定する必要事項が全て記載されている場合、重ねて乙が書面交付を行う必要はありませんが、乙は、各借主に、本条に規定する必要事項が確実に交付されることを確保する必要があります（ガイドライン処理準則第7条関係3）。

第5条　(借主に対する賃貸借契約の更新時の書面の交付)関係

①　本条は、契約更新時の際、契約更新事務を受託している登録業者から借主に対して更新時に変更内容等を通知することにより、契約内容の再確認と後の紛争発生の未然に防止する趣旨で定められるものです。書面の交付を義務づけていますが、更新後の家賃やその支払時期及び方法、金銭の授受に関する定めは借主にとってきわめて重要な内容であることから、書面の交付のみでなく、それらの内容について説明を行うことが望まれます（ガイドライン処理準則第12条関係1）。

②　本条の通知は、各号の項目のうち、変更があった部分について借主に書面交付をすれば足ります（ガイドライン処理準則第12条関係3）。

③　定期建物賃貸借契約の再契約のように、従前の契約を終了し、新たな契約をする場合、定期建物賃貸借の再契約は、更新ではなく新たな賃貸借契約締結となりますから、本条は適用されません（ガイドライン処理準則第12条関係4）。

第6条（借主に対する賃貸借契約の契約終了時の書面の交付）関係

①　本条は、退去時の原状回復に伴う敷金精算等の紛争が賃貸住宅に関する紛争の多くを占めている状況等に鑑み、借主が賃貸借契約の終了によって退去する場合に、終了事務を受託している登録業者が実施する退去手続き関係の業務について定めたものです（ガイドライン処理準則第13条関係1）。

②　本条は、借主との賃貸借契約が終了する場合において乙が講ずべき措置を定めたものであり、賃貸借契約期間の途中で借主の都合により退去する場合にも、適用されます。

③　第1項の債務の額は、借主が負担する必要のある原状回復や未精算の家賃の額を指し、敷金から控除される額を含みます。

④　借主に対し契約の終了に伴う債務の額を提示しようとするときの額の算定の基礎について記載した書面については、賃貸借契約が終了し借主が退去する際、借主が負担する必要のある原状回復費用や未精算の家賃などに関し、国土交通省「原状回復をめぐるトラブルとガイドライン」（平成23年8月16日改訂版）等を参考に、現況確認表やチェックリスト等を活用して、当該債務金額の算定の考え方が明らかとなる書面を交付する必要があります（ガイドライン処理準則第13条関係2）。

⑤　第2項の借主に対する説明は、直接口頭で行うほか、電話やメールによる方法でもよいが、退去する借主に対して適切に説明を行うことが必要です。借主が退去した後、他の借主が入居した場合には、現況確認が困難であるため、借主の退去後、速やかに借主が負担する必要のある原状回復費用や未精算の家賃などについて、算定の基礎とともに提示し、後の紛争とならないよう借主に説明することが望まれます（ガイドライン処理準則第13条関係4）。

第7条（管理業務の情報提供等）関係

①　賃貸住宅管理業者を変更する場合などに、従前管理を行っていた賃貸住宅管理業者との事務の引継ぎや精算に関するトラブルを防止する観点から、第1項では、乙が管理を開始するにあたって、甲には乙の適切な管理業務を行うために必要な情報を提供する義務がある旨を明記し、第3項では、甲が乙に第1項に規定する必要な情報を提供しなかったときに、これらによって生じた損害を甲が負担することを定めています。これは、甲が乙に適切な情報を提供しなかった場合には乙が不要な支

出をせざるを得なくなること等を考慮したものです。なお、管理業務終了時の取り扱いは第21条に定めています。

② 第4項は、甲の損害保険の加入状況は、乙にとっても管理業務を行う上で重要であることから、本物件の住宅総合保険、施設所有者賠償責任保険等の損害保険に係る甲の加入状況を、甲から乙に対して報告することを義務づけています。

第8条（個人情報保護法等の遵守）関係

① この契約の対象となる賃貸住宅の借主が法人であって、乙が、甲に対して、当該借主からの依頼によって甲の行政手続における特定の個人を識別するための番号（いわゆるマイナンバー）を当該借主に提供するように請求した場合には、甲は、当該借主に対して、速やかに当該番号を提供するものとします。

第11条（管理報酬の支払い）関係

① 第2項は、平成29年の改正による民法第648条第3項に対応した規定です。同項は、報酬が支払われる委任に、事務処理の労務に対して報酬が支払われる場合（履行割合型）と、委任事務処理の結果として達成された成果に対して報酬が支払われる場合（成果完成型）の2つの類型があることを踏まえ、このうち「履行割合型」の委任について、受任者は、委任者の責めに帰することができない事由によって委任事務の履行をすることができなくなったとき、又は委任が履行の中途で終了したときに、既にした履行の割合に応じて報酬を請求することができるとしています（潮見佳男著「民法（債権関係）改正法の概要」一般社団法人金融財政事情研究会、322頁）。

第13条（敷金等及び賃料等の引渡し）関係

① 第4項は、処理準則第16条に定める受領する家賃等についての分別管理の義務を、本契約書において明記したものです。登録業者は、借主から受領した家賃、敷金等については、自社の財産及び他の貸主の財産を整然と分別して管理する義務があります。

第14条（管理業務に関する報告等）関係

① 第1項に定める報告の頻度については、甲と乙の信頼関係を維持できるよう、業務内容に応じて、適切に実施される必要がある（ガイドライン処理準則第17条関係1）。例えば、毎月の家賃の受領については毎月、建物・設備の維持管理状況については1年ごとに報告することなどが考えられます。

② 第1項に定める報告の方法については、報告内容に相応しい適切な方法を各登録

業者において定めるものとします（ガイドライン処理準則第１７条関係１）。

③　処理準則第１５条は、登録業者に、その業務を行うにあたり、借主から賃貸借契約に定めのない金銭その他の財産を受領したときの貸主へのその旨の通知を義務づけています。第３項では、乙が借主から賃貸借契約に定めのない金銭等を受領したときには甲に対して通知をする旨を定めました。通知対象となる金銭等は、登録業者が管理受託契約により管理業務を行うにあたり受領する、賃貸借契約に定めのない金銭等です。例えば、管理委託契約に基づき行う窓ガラスの修理・交換費用について借主から受領した場合には通知をしなければなりません（ガイドライン処理準則第１５条関係）。

第 19 条（契約の解除）関係

①　第 2 項第 1 号は、賃貸住宅管理業者が重要な事項について事実を告げなかったり、不実のことを告げたような場合には、管理委託契約を支える信頼関係に疑義が生じるため解除事由としている。なお、重要事項不告知等の相手方は、甲のみならず、賃貸借契約の借主も含まれます。

②　第 2 項第 2 号は、賃貸住宅管理業者が当該契約に関してのみならず、賃貸住宅管理業者としての営業一般について不正又は著しく不当な行為をしたときは、乙に対する甲の信頼が失われることとなるため、解除事由としています。

③　第 2 項第 3 号は、業務に関して他の法令に違反した場合には、乙に対する甲の信頼が失われることとなるため、解除事由としている。「他の法令」とは、賃貸住宅管理業者がその業務を遂行するにあたって遵守すべき関係法令を指します。

別表第一（契約管理業務）関係

①　乙の督促に応じない滞納者に対しての未収金の回収は、弁護士法第 72 条の規定を踏まえ、甲が行うものであることに留意する必要があります。

3 不動産の譲渡と適正対価

　不動産保有会社の方式を採る場合は、個人より法人へ保有する賃貸不動産を譲渡することとなります。この売買価格が世間一般の相場からかけ離れたものである場合は、時価との差額に課税されることがあるので、注意が必要です。

　建物については、①簡単に不動産所得の計算における残存価額で譲渡すればいいとする考え方もありますが、その他に、②固定資産税評価額を70％で割り戻す方法、③建物の標準的な建築価額で算定する方法、④近隣売買事例による方法が考えられます。それがマンションである場合は、東京カンテイ等の Web サイトから、そのマンションの成約価格を調べることができます。しかし、1棟のマンションや一軒家の場合等は、適当な④が存在することは稀であり、①〜③で算出した金額がまるでバラバラであることも少なくありません。

　また、土地についても、路線価を80％で割り戻す簡便な方法で求めることもできますが、特に商業地など地価の高い場所では時価と路線価が大きく異なる場合があります。このような場合には不動産鑑定士から鑑定評価をとることが望ましいでしょう。

4 消費税還付と賃貸不動産

　個人より法人へ保有する賃貸不動産を譲渡する際、法人において建物取得に係る消費税が仕入税額控除の対象となります。

　もっとも、住宅の貸付に係る家賃のような非課税売上に対応する課税仕入れについては仕入税額控除の対象とされていません。ところが、賃貸マンション等の取得に係る消費税を巡っては、少額の課税売上を計上すること等により仕入れ時に建物取得に係る消費税の還付を受けた上で、恣意的に事業者免税点制度や簡易課税制度を適用することにより税負担を減らす租税回避的な行為（いわゆる自動販売機スキームなど）が問題とされ、こうした問題に関連して、次の $\boxed{1}$ ～ $\boxed{4}$ のような対応策が取られています。また、それに伴い、住宅の貸付けかどうかの判断基準が、$\boxed{5}$ で明らかにされています。

（注）　以下は財務省「令和2年度税制改正の解説（消費税法等の改正）」をベースに解説しています。

$\boxed{1}$ 調整対象固定資産と3年縛り

　平成22年度税制改正において、事業者が、課税事業者選択届出書を提出して課税事業者となって以後2年以内に調整対象固定資産を取得した場合には、当該調整対象固定資産を取得した課税期間の初日から3年を経過する日の属する課税期間の初日以後でなければ、課税事業者選択不適用届出書及び簡易課税制度選択届出書を提出できないこととされました（消法9⑦、旧消法37②）。

　これにより、調整対象固定資産の課税仕入れ等に係る消費税額について比例配分法により計算した場合で、その計算に用いた課税売上割合が、その取得した日の属する課税期間以後3年間の通算課税売上割合と比較して著しく増加したとき又は著しく減少したときは、第3年度の課税期間において仕入控除税額の調整を行うという規定を逃れることができなくなりました。

２ 高額特定資産を取得等した場合の納税義務の免除の特例等

　平成28年度税制改正においては、事業者が、事業者免税点制度及び簡易課税制度の適用を受けない課税期間中に高額特定資産の仕入れ等を行った場合（自己建設高額特定資産の仕入れを行った場合を含みます）には、当該課税期間の翌課税期間から当該課税期間（自己建設高額特定資産の場合には、その建設等が完了した課税期間）の初日以後3年を経過する日の属する課税期間までの各課税期間においては、事業者免税点制度及び簡易課税制度を適用できないこととされました（消法12の4①、37③三）。

　これらの見直しにより、たとえば、事業者免税点制度及び簡易課税制度の適用を受けない課税期間中に高額特定資産に該当する賃貸マンション等の建物の取得を行った場合には、事業者が課税事業者を選択しているかどうかによらず、事業者免税点制度及び簡易課税制度の適用が3年間制限されることとなりました。

　したがって、建物を取得した課税期間において、少額の課税売上げを計上すること等によりその取得に係る消費税につき還付を受けたとしても、その後の売上げに占める家賃収入（非課税売上）の割合が大きければ、3年後には課税売上割合が著しく変動した場合の調整対象固定資産に関する仕入れに係る消費税額の調整措置（消法33）（以下「課税売上割合が著しく変動した場合の調整措置」といいます）の対象として、取得に係る消費税の控除税額について、事後の調整が図られることになりました。

3 金地金スキームと居住用賃貸建物の取得等に係る仕入税額控除の制限

　上記の方策をとった場合であっても、住宅の家賃収入以外に、たとえば、金地金の売却をすることにより課税売上を発生させ、仕入税額控除を建物の全額あるいは一部について適用を受けることができていました。これを金地金スキームといいます。

　たとえば、居住用建物の完成した課税期間に、住宅の家賃収入を発生させず、金地金売却のみであったとしても、消費税を全額還付することができますが、その後住宅の家賃収入が発生し、課税売上割合が著しく変動した場合（変動率≧50％、変動差≧5％）には、還付された消費税の一部を返還する必要があります。

　しかし、作為的な金の売買を継続して行う等の手法により意図的に多額の課税売上げを計上し課税売上割合を増加させることにより、賃貸マンション等の取得に係る消費税について、本来行われるべきでない仕入税額控除による還付を受けたうえで課税売上割合が著しく変動した場合の調整措置の適用を免れることができました。消費税の仕入税額控除制度は、課税の累積を排除するために設けられており、課税売上げ（納税）に結び付かない仕入税額控除を認めることは、本来の制度の予定するところではないため、このようなスキームは問題視されていました。

　そこで、令和2年度税制改正により、建物の取得に係る仕入税額控除の計算を適正化し、建物の用途の実態に応じて計算するよう見直しが行われました。

　具体的には、住宅の貸付けの用に供しないことが明らかな建物（その附属設備を含みます）以外の建物であって、高額特定資産（自己建設高額特定資産に該当するものも含まれます）又は調整対象自己建設高額資産に該当する建物（以下「居住用賃貸建物」といいます）に係る課税仕入れ等の

税額については、仕入税額控除制度の適用を認めないこととされました（消法30⑩）。

　なお、居住用賃貸建物は、「住宅の貸付けの用に供しないことが明らかな建物以外の建物」であることが要件とされているため、課税仕入れの時点で住宅の貸付けの用に供するか否か不明な建物についても、住宅の貸付けの用に供する可能性のあるものについては、原則として、居住用賃貸建物に該当することとなり、仕入税額控除の制限の対象となります。居住用賃貸建物は、高額特定資産又は調整対象自己建設高額資産に該当するものであるので、本則課税期間中に居住用賃貸建物を取得した場合には、従前どおりその仕入れ等の日の属する課税期間の初日以後3年を経過する日の属する課税期間までは事業者免税点制度及び簡易課税制度は適用できません。

　ただし、その建物の一部を店舗等の事業用施設として賃貸予定であることが客観的に明らかな場合など、そもそも住宅の貸付けの用に供しないことが明らかな部分についてまで、仕入税額控除制度の適用を制限することは適当ではないため、居住用賃貸建物について、その構造及び設備の状況その他の状況により当該部分とそれ以外の部分とに合理的に区分している場合には、住宅の貸付けの用に供しないことが明らかな部分については、これまでどおり仕入税額控除制度の適用を認めることとされています（消令50の2①）。この場合の合理的に区分する方法については、使用面積割合や、使用面積に対する建設原価の割合など、建物の実態に応じた基準を用いることとなります。

4 居住用賃貸建物を課税賃貸用に供した場合等の仕入れに係る消費税額の調整

　取得時の仕入税額控除が制限された居住用賃貸建物について、事後にそ

の用途を変更して店舗等の事業用施設として貸し付ける等の場合も考えられます。そこで、③の制限に対する補正として、事後の建物の使用状況に応じて仕入控除税額を精緻に計算することができるよう、次の❶又は❷の調整措置が設けられています。なお、この調整措置の対象となる事業者は、調整を受ける課税期間において、本則課税により仕入税額控除を行う課税事業者に限られます。

❶ 居住用賃貸建物を課税賃貸用に供した場合

　事業者が、仕入税額控除制度を適用しないこととされた居住用賃貸建物について、居住用賃貸建物の仕入れ等の日から同日の属する課税期間の初日以後3年を経過する日の属する課税期間（以下「第3年度の課税期間」といいます）の末日までの間（以下「調整期間」といいます）に、その居住用賃貸建物を住宅の貸付け以外の貸付けの用（以下「課税賃貸用」といいます）に供した場合であって、その居住用賃貸建物を第3年度の課税期間の末日に有している場合には、当該居住用賃貸建物に係る課税仕入れ等の税額に課税賃貸割合※を乗じて計算した金額に相当する消費税額を、第3年度の課税期間の仕入れに係る消費税額に加算します（消法35の2①、消令53の2①）。

$$
※\ \frac{課税賃貸}{割合} = \frac{調整期間に行った当該居住用賃貸建物の課税賃貸用の貸付けの額の合計額}{調整期間に行った当該居住用賃貸建物の貸付けの額の合計額}
$$

（注）対価の返還等がある場合には、対価の返還等を控除した残額

❷ 居住用賃貸建物を譲渡した場合

　事業者が、仕入税額控除制度を適用しないこととされた居住用賃貸建物について、その全部又は一部を居住用賃貸建物の仕入れ等の日から第3年

度の課税期間の末日までの間に他の者に譲渡した場合には、その譲渡をした居住用賃貸建物に係る課税仕入れ等の税額に課税譲渡等割合※を乗じて計算した金額に相当する消費税額を、譲渡をした日の属する課税期間の仕入れに係る消費税額に加算します（消法35の2②、消令53の2②）。なお、この譲渡には、みなし譲渡（消法4⑤）、代物弁済による譲渡（消法2①八）、負担付贈与（消令2①一）、現物出資（消令2①二）、法人課税信託等に係る資産の移転等（消令2①三）、収用による譲渡（消令2②）を含みます（消法35の2②、消令53の4③）。

※

課税譲渡等割合 ＝ 　①譲渡した日までに行った当該居住用賃貸建物の課税賃貸用の貸付けの額の合計額と
②当該居住用賃貸建物の譲渡の額との合計額
／
①譲渡した日までに行った当該居住用賃貸建物の貸付けの額の合計額と
②当該居住用賃貸建物の譲渡の額との合計額

（注）対価の返還等がある場合には、対価の返還等を控除した残額

5 住宅の貸付けに係る非課税範囲の明確化

住宅の貸付けについては、社会政策的な配慮から、消費税は非課税とされています。この住宅の貸付けについては、一義的には賃貸借契約により合意した用途に基づいて課税関係を判定できるようにするため、制度上、住宅の貸付けは「貸付けに係る契約において人の居住の用に供することが明らかにされているものに限る」こととされていました。

建物の貸付けにあたっては、実務上住宅の貸付け（人の居住用）か否かを明らかにして契約されており、課税関係の判断に迷うことはないと考えられますが、住宅の貸付けに係る契約においてその用途が特定されていないなどの場合も考えられるため、居住用賃貸建物の取得等に係る仕入税額控除制度の適正化にあわせて、契約において貸付けに係る用途が明らかに

されていない場合の判断基準が明確化されました。

　具体的には、住宅の貸付けに係る契約において、当該貸付けに係る用途が明らかにされていない場合に当該貸付け等の状況からみて人の居住の用に供されていることが明らかなときは、当該住宅の貸付けについて消費税を非課税とすることとされました（消法別表第１十三）。この結果、契約において貸付けの用途が不明の場合については、その貸付けの状況、例えば、賃借人が個人であるか、建物の転貸の状況、建物の構造や設備などから、人の居住の用に供されていることが明らかかどうかを判断するとされました。

　ところで、賃貸借契約書として市販の雛形文書をそのまま使用している場合も見受けられますが、契約の当事者の合意により、当初から課税賃貸用とすることが認められていたり、契約途中で課税賃貸用に変更されていたりすることもあります。

　しかし、そのような場合には契約書文面も変更しなければ、実際に契約変更が行われたかどうかが判然としません。国税庁ホームページ質疑応答事例「用途変更の取扱い」において、ⅰ）賃貸借に係る契約において住宅として借り受けていた建物を、賃借人が賃貸人との契約変更を行わずに事業用に使用したとしても、当該建物の貸借料は課税仕入れには該当しない旨、ⅱ）貸付けに係る契約において住宅として貸し付けた建物について、その後契約当事者間で事業用に使用することについて契約した場合には、その用途変更の契約をした後においては、課税資産の貸付けに該当し、仕入税額控除の対象となる旨（消基通6-13-8）が示されており、口約束のみの契約変更は認められないリスクがあることも留意する必要があります。

III

配偶者居住権

1 配偶者居住権と配偶者短期居住権

1 配偶者居住権

❶ 創設の背景と概要

　配偶者居住権は、民法及び家事事件手続法の一部を改正する法律（平成30年法律第72号。平成30年7月6日成立）による一連の民法相続法の改正により創設されたものです。残された配偶者の居住権を保護するための方策に関する部分として、令和2年4月1日に施行されました。

　その創設趣旨は、平均寿命が延びたことにより、残された配偶者が、住み慣れた住居で生活を続けるとともに老後の生活資金として預貯金等の資産も確保したいという希望を実現するため、遺言や遺産分割の選択肢として用意されたものです。また、被相続人からの遺贈によっても、配偶者に配偶者居住権を取得させることができます。

（注）　以下は国税庁「「配偶者居住権等の評価に関する質疑応答事例」について（情報）」をベースに解説しています。

❷ 配偶者居住権の成立要件

　配偶者居住権の成立要件は次のとおりです（民1028①）。

ア　配偶者が被相続人の財産に属した建物に相続開始の時に居住していたこと

イ　次のいずれかの場合に該当すること

　a　遺産の分割[※1]によって配偶者居住権を取得するものとされた場合

　b　配偶者居住権が遺贈の目的とされた場合[※2、3]

ウ　被相続人が相続開始の時において居住建物を配偶者以外の者と共有していないこと

※1　遺産の分割には、遺産の分割の協議のほか、調停又は審判を含みます。

※2　民法1028条1項各号に死因贈与に関する規定はありませんが、死因贈与については、民法554条により、その性質に反しない限り遺贈に関する規定が準用されることとされており、死因贈与によることも認められるとされています（商事法務「一問一答　新しい相続法―平成30年民法等（相続法）改正、遺言書保管法の解説」法務省民事局民事法制管理官ほか（2019年3月）より）。

※3　遺産の分割の方法の指定である特定財産承継遺言（民法1014②）によって配偶者居住権を取得させることはできません。

❸ 配偶者居住権の及ぶ範囲

　配偶者居住権は、配偶者がその居住建物の全部について無償で使用及び収益をする権利であることから、配偶者が居住建物の一部しか使用していなかった場合であっても、配偶者居住権の効力は居住建物全部に及ぶこととなります（民1028①）。つまり、配偶者が従前居住の用に供していた範囲と配偶者居住権の効力が及ぶ範囲とは、必ずしも一致しない場合があります。

　また、配偶者居住権は、その設定の登記を備えた場合に対抗要件を具備するとされており、建物所有者（被相続人から居住建物を相続により取得した者）は、配偶者に対し、配偶者居住権の設定の登記を備えさせる義務があります（民1031①②）。ただし、配偶者居住権の設定の登記は、配偶者居住権の成立要件ではありません。

❹ 配偶者居住権の存続期間

　配偶者居住権の存続期間は、原則として配偶者の終身の間ですが、遺産の分割の協議若しくは遺言に別段の定めがあるとき、又は家庭裁判所が遺産の分割の審判において別段の定めをしたときは、その定めるところによります（民1030）。

❺ 配偶者による使用及び収益

　配偶者は、従前の用法に従い、善良な管理者の注意をもって、居住建物の使用及び収益をしなければならないとされています（民1032①）。

　ただし、配偶者が従前居住の用に供していなかった部分について、これを居住の用に供することは妨げられないとされています（民1032①）。

　また、配偶者居住権は譲渡することはできませんが、居住建物の所有者の承諾を得た場合には、第三者に居住建物の使用又は収益をさせること（第三者への賃貸）ができます（民1032②③）。

　なお、居住建物の所有者は、配偶者との間で配偶者居住権を合意により消滅させた場合であっても、そのことをもってその第三者（賃借人）に対抗することはできません（民1036）。

❻ 居住建物の費用の負担

　配偶者は、居住建物の通常の必要費（固定資産税や通常の修繕費など）を負担する必要があります（民1034①）。

❼ 居住建物が滅失した場合の配偶者居住権

　居住建物が滅失した場合には、配偶者居住権は消滅します（民1036）。

❽ 配偶者居住権の法的性質

　配偶者居住権の法的性質は、賃借権類似の法定の債権であると位置付けられています（商事法務「一問一答 新しい相続法— 平成30年民法等（相続法）改正、遺言書保管法の解説」法務省民事局民事法制管理官ほか（2019年3月）より）。

2 配偶者短期居住権について

❶ 創設の背景と概要

　夫婦の一方が死亡したときに、残された配偶者が直ちに住み慣れた住居を退去しなければならないとすると、配偶者にとって大きな負担となると考えられます。そこで、夫婦の一方の死亡後、残された配偶者が最低でも6か月間、無償で住み慣れた住居に住み続けることができる権利として、創設されたものです。

❷ 配偶者短期居住権の及ぶ範囲

　配偶者短期居住権は、配偶者が無償で使用していた部分についてのみ効力が及び、その成立範囲については、居住用部分に限らず、配偶者が無償で使用していた部分全体に及びます（民1037①）。

❸ 配偶者短期居住権の存続期間

　配偶者短期居住権の存続期間は、居住建物について配偶者を含む共同相続人間で遺産の分割をすべき場合には、遺産の分割によりその建物の帰属が確定した日又は相続開始の時から6か月を経過する日のいずれか遅い日までの間とされていますが、それ以外の場合（配偶者が相続放棄をした場合など）については、居住建物の取得者からの配偶者短期居住権の消滅の申入れの日から6か月を経過する日までの間とされています（民1037①）。

❹ 配偶者による使用

　配偶者は、従前の用法に従い、善良な管理者の注意をもって、居住建物の使用をしなければなりません。また、居住建物の取得者の承諾を得た場合には、第三者に居住建物の使用をさせることができます（民1038①②）。配偶者短期居住権は、配偶者居住権とは異なり、「使用」のみをすべ

きこととされています。

❺ 居住建物の費用の負担・居住建物が滅失した場合の配偶者短期居住権

配偶者居住権と同様（民 1041）。

❻ 配偶者短期居住権の法的性質

配偶者短期居住権の法的性質は、使用借権類似の法定の債権であると位置付けられています（商事法務「一問一答 新しい相続法—平成 30 年民法等（相続法）改正、遺言書保管法の解説」法務省民事局民事法制管理官ほか（2019 年 3 月）より）。

2 配偶者居住権の評価

　配偶者居住権が注目されたのは、その創設の背景によるものというよりも、その税務的性格、配偶者が死亡した場合の取扱いにあります。

　配偶者死亡の際には、民法の規定により配偶者居住権が消滅することとなりますが、それにより居住建物の所有者はその居住建物について使用収益ができることとなります。しかしそれは、民法の規定により、予定どおり、配偶者居住権が消滅するものであり、配偶者から居住建物の所有者に相続を原因として移転する財産はないので、相続税の課税関係は生じないとされています。配偶者居住権の存続期間が終身ではなく、たとえば10年といった有期で設定されて存続期間が満了した場合も、同様に贈与税の課税関係は生じません。

　そこで、そのような配偶者居住権の税務的性質について、まずはその評価から確認することにします。

1 配偶者居住権の評価

　居住建物の所有者は、配偶者居住権存続期間終了時に居住建物を自由に使用収益することができる状態に復帰することとなります。この点に着目し、配偶者居住権の価額は、居住建物の所有権部分の「配偶者居住権存続期間終了時の価額（将来価値）」を求め、それを現在価値に割り戻し、居住建物の時価からその割り戻した所有権部分の価額を控除した金額により評価します。

　具体的には、

① 配偶者居住権存続期間終了時の居住建物の時価を減価償却に類する方法を用いて計算する

② ①で計算した配偶者居住権存続期間終了時の居住建物の時価を法定利率による複利現価率を用いて現在価値に割り戻す（所有権部分の将来価値を現在価値に割り戻した価額を求める）

③ 居住建物の時価から②で求めた価額を控除して配偶者居住権の価額を求めようとするものです。

イメージ図

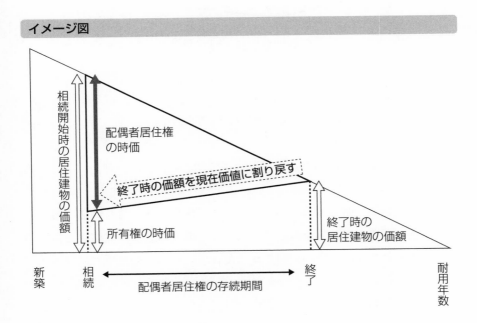

なお、遺産の分割の協議に時間を要した場合には、まず、遺産の分割が行われた時の配偶者の平均余命年数、耐用年数及び法定利率等に基づき、遺産の分割が行われた時の居住建物に占める配偶者居住権及び所有権の価額の割合（配偶者居住権と所有権の比率）を求めます。次に、その比率で相続開始時の時価を按分して、配偶者居住権及び所有権の評価額を求めます。

イメージ図

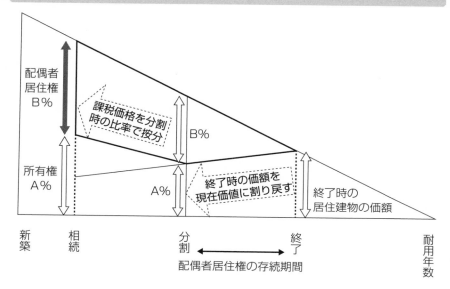

また、このような評価方法が採用されているのは、次の理由によるものです。

① 仮に相続開始時の経過年数等に基づいて配偶者居住権を評価すると、配偶者が配偶者居住権を有していなかった期間（相続開始時から遺産の分割が行われた時までの期間）が「配偶者居住権」の評価に反映されてしまうこと。

② 遺産の分割により配偶者居住権が設定される場合には、その遺産の分割の時を起算点として配偶者居住権の存続期間が定まることを踏まえると、居住建物の財産的価値に対する配偶者の取得割合も、遺産の分割の時において定まると考えられること。

おって、この算出方法により配偶者居住権及び所有権の価額を評価することは、相続税法23条の2第1項及び第2項の規定に基づき配偶者居住権及び所有権の価額を評価することと同義であるので、実務上は、配偶者

居住権等の評価明細書により配偶者居住権及び所有権の価額を評価することができます。

　配偶者居住権の価額（配偶者居住権の評価額の計算の基礎となる金額）は、次の算式により評価することとされています。

【居住建物を被相続人が自用家屋として単独所有していた場合】

配偶者居住権の価額

$$= \text{居住建物の時価}^{※} - \text{居住建物の時価}^{※} \times \frac{\text{耐用年数-経過年数-存続年数}}{\text{耐用年数-経過年数}} \times \text{存続年数に応じた法定利率による複利現価率}$$

　※　相続税法22条に規定する時価

《耐用年数》…「耐用年数省令に定める住宅用の耐用年数×1.5」で求めます。

　店舗併用住宅などの非居住用部分が存する居住建物についても、居住建物の全部が「住宅用」であるものとして、耐用年数省令に定める耐用年数を1.5倍したものを用います（相令5の7②、相規12の2）。

《経過年数》…「居住建物が建築された日（新築時）から配偶者居住権が設定された時までの年数」をいいます。居住建物が相続開始前に増改築された場合であっても、増改築部分を区分することなく、新築時から配偶者居住権が設定された時までの年数をいいます（相法23の2①二イ、相基通23の2-3）。

《存続年数》…「配偶者居住権が存続する年数として政令で定める年数」をいいます（相法23の2①二イ）。具体的には、次のア又はイの場合の区分に応じ、それぞれア又はイに定める年数をいいます。

　ア　配偶者居住権の存続期間が配偶者の終身の間とされている場合：配偶者居住権が設定された時における当該配偶者の平均余命（配偶者居住権が設定された時の属する年の1月1日現在において公表されている最新の完全生命表によります（相基通23の2-5）。完全生命表に当てはめる配偶者の年齢は、配偶者居住権が設定された時における配偶者の満年齢によります。）

> （参考）　完全生命表は、国勢調査による日本人人口の各定数、人口動態統計の各定数を基に5年ごとに厚生労働省が公表しており、第22回生命表（完全生命表）は平成29年3月に公表されています。

　イ　上記ア以外の場合：配偶者居住権が設定された時から配偶者居住権の存続期間満了の日までの年数（配偶者居住権が設定された時における配偶者の平均余命を上限とします）

《配偶者居住権が設定された時》…次に掲げる場合の区分に応じ、それぞれ次に掲げる時をいいます。配偶者居住権の設定の登記を備えた日（登記日）ではないので留意する必要があります（相基通23の2-2）。

　ア　遺産の分割によって配偶者居住権を取得するものとされた場合（民法1028①一）：遺産の分割が行われた時[※]

　　※　「遺産の分割が行われた時」とは、それぞれ次の日をいいます。
　　　a　遺産分割の協議の場合は、その協議の成立した日
　　　b　遺産分割の調停の場合は、その調停の成立した日（家事事件手続法268）
　　　c　遺産分割の審判の場合は、その審判の確定した日（家事事件手続法74、86）

イ　配偶者居住権が遺贈の目的とされた場合（民法 1028 ①二）：相続開始の時※

　　※　配偶者居住権が停止条件付遺贈の目的とされた場合には当該遺贈の効力が生じた日

耐用年数、経過年数、存続年数、平均余命及び複利現価率の端数処理

項目	内容	端数処理
耐用年数	耐用年数省令の年数×1.5	6月以上端数切上げ6月未満端数切捨て
経過年数	建築日から配偶者居住権が設定された時までの経過年数	
存続年数	配偶者居住権が設定された時の配偶者の平均余命（又は配偶者居住権の存続年数）	
平均余命	完全生命表（5年ごとに改訂）	
複利現価率	1÷(1+r)n r：法定利率（3年ごとに見直し） n：配偶者居住権の存続年数	小数点以下3位未満四捨五入

（参考）　譲渡所得の計算における非事業用資産の耐用年数の端数処理は、1年未満切捨てとされているので留意する（所令 85）。

配偶者居住権等の評価で用いる建物の構造別耐用年数

構　　造	耐用年数省令に定める耐用年数	配偶者居住権等の評価で用いる耐用年数
鉄骨鉄筋コンクリート造又は鉄筋コンクリート造	４７	７１
れんが造、石造又はブロック造	３８	５７
金属造（骨格材の肉厚が四ミリメートルを超えるものに限る。）	３４	５１
金属造（骨格材の肉厚が三ミリメートルを超え四ミリメートル以下のものに限る。）	２７	４１
金属造（骨格材の肉厚が三ミリメートル以下のものに限る。）	１９	２９
木造又は合成樹脂造	２２	３３
木骨モルタル造	２０	３０

第22回生命表（完全生命表）に基づく平均余命

性別：男

年齢	平均余命	端数処理後	年齢	平均余命	端数処理後	年齢	平均余命	端数処理後
18	63.09	63	51	31.44	31	84	6.69	7
19	62.11	62	52	30.54	31	85	6.22	6
20	61.13	61	53	29.63	30	86	5.78	6
21	60.16	60	54	28.74	29	87	5.37	5
22	59.19	59	55	27.85	28	88	4.98	5
23	58.22	58	56	26.97	27	89	4.61	5
24	57.25	57	57	26.09	26	90	4.27	4
25	56.28	56	58	25.23	25	91	3.95	4
26	55.31	55	59	24.36	24	92	3.66	4
27	54.34	54	60	23.51	24	93	3.40	3
28	53.37	53	61	22.67	23	94	3.18	3
29	52.40	52	62	21.83	22	95	2.98	3
30	51.43	51	63	21.01	21	96	2.79	3
31	50.46	50	64	20.20	20	97	2.62	3
32	49.49	49	65	19.41	19	98	2.46	2
33	48.52	49	66	18.62	19	99	2.31	2
34	47.55	48	67	17.85	18	100	2.18	2
35	46.58	47	68	17.08	17	101	2.05	2
36	45.62	46	69	16.33	16	102	1.94	2
37	44.65	45	70	15.59	16	103	1.83	2
38	43.69	44	71	14.85	15	104	1.73	2
39	42.73	43	72	14.13	14	105	1.63	2
40	41.77	42	73	13.43	13	106	1.55	2
41	40.81	41	74	12.73	13	107	1.46	1
42	39.86	40	75	12.03	12	108	1.39	1
43	38.90	39	76	11.36	11	109	1.32	1
44	37.96	38	77	10.69	11	110	1.25	1
45	37.01	37	78	10.05	10	111	1.19	1
46	36.07	36	79	9.43	9	112	1.13	1
47	35.13	35	80	8.83	9	113	—	—
48	34.20	34	81	8.25	8	114	—	—
49	33.28	33	82	7.70	8	115	—	—
50	32.36	32	83	7.18	7	116	—	—

性別：女

年齢	平均余命	端数処理後	年齢	平均余命	端数処理後	年齢	平均余命	端数処理後
18	69.29	69	51	37.12	37	84	8.94	9
19	68.30	68	52	36.18	36	85	8.30	8
20	67.31	67	53	35.24	35	86	7.70	8
21	66.32	66	54	34.31	34	87	7.12	7
22	65.33	65	55	33.38	33	88	6.57	7
23	64.34	64	56	32.45	32	89	6.05	6
24	63.36	63	57	31.53	32	90	5.56	6
25	62.37	62	58	30.61	31	91	5.11	5
26	61.39	61	59	29.68	30	92	4.68	5
27	60.40	60	60	28.77	29	93	4.29	4
28	59.42	59	61	27.85	28	94	3.94	4
29	58.44	58	62	26.94	27	95	3.63	4
30	57.45	57	63	26.04	26	96	3.36	3
31	56.47	56	64	25.14	25	97	3.11	3
32	55.49	55	65	24.24	24	98	2.88	3
33	54.51	55	66	23.35	23	99	2.68	3
34	53.53	54	67	22.47	22	100	2.50	3
35	52.55	53	68	21.59	22	101	2.33	2
36	51.57	52	69	20.72	21	102	2.17	2
37	50.59	51	70	19.85	20	103	2.03	2
38	49.61	50	71	18.99	19	104	1.90	2
39	48.64	49	72	18.14	18	105	1.78	2
40	47.67	48	73	17.30	17	106	1.67	2
41	46.70	47	74	16.46	16	107	1.57	2
42	45.73	46	75	15.64	16	108	1.48	1
43	44.76	45	76	14.82	15	109	1.39	1
44	43.80	44	77	14.02	14	110	1.31	1
45	42.83	43	78	13.23	13	111	1.23	1
46	41.87	42	79	12.46	12	112	1.16	1
47	40.92	41	80	11.71	12	113	1.10	1
48	39.96	40	81	10.99	11	114	1.04	1
49	39.01	39	82	10.28	10	115	0.98	1
50	38.07	38	83	9.59	10	116	—	—

複利現価率（3%）

存続年数	端数処理後の複利現価率	存続年数	端数処理後の複利現価率
1	0.971	36	0.345
2	0.943	37	0.335
3	0.915	38	0.325
4	0.888	39	0.316
5	0.863	40	0.307
6	0.837	41	0.298
7	0.813	42	0.289
8	0.789	43	0.281
9	0.766	44	0.272
10	0.744	45	0.264
11	0.722	46	0.257
12	0.701	47	0.249
13	0.681	48	0.242
14	0.661	49	0.235
15	0.642	50	0.228
16	0.623	51	0.221
17	0.605	52	0.215
18	0.587	53	0.209
19	0.570	54	0.203
20	0.554	55	0.197
21	0.538	56	0.191
22	0.522	57	0.185
23	0.507	58	0.180
24	0.492	59	0.175
25	0.478	60	0.170
26	0.464	61	0.165
27	0.450	62	0.160
28	0.437	63	0.155
29	0.424	64	0.151
30	0.412	65	0.146
31	0.400	66	0.142
32	0.388	67	0.138
33	0.377	68	0.134
34	0.366	69	0.130
35	0.355	70	0.126

　居住建物の一部が賃貸の用に供されている場合又は被相続人が相続開始の直前において居住建物をその配偶者と共有していた場合には、次の算式により計算した金額となります（相法23の2①一）。これらを、「配偶者居住権の評価額の計算の基礎となる金額」といいます。

【居住建物の一部が賃貸用である場合又は配偶者と共有していた場合】

併用住宅又は共有の場合の配偶者居住権の価額
＝　居住建物を被相続人が自用家屋として単独所有していた場合の時価

$$\times \quad \frac{\text{賃貸の用に供されている部分以外の部分の床面積}}{\text{居住建物の床面積}}$$

　　×　被相続人が有していた持分割合

　居住建物を被相続人が自用家屋として単独所有していた場合の時価を3,000万円とすると次のようになります。

居住建物の一部が賃貸用の場合	配偶者と共有していた場合

被相続人 2/3　　配偶者 1/3

居住用　100m²
賃貸用　100m²
賃貸用　100m²

3,000万円×100m²/300m²
＝1,000万円

3,000万円×2/3＝2,000万円

居住建物の一部が賃貸用かつ配偶者と共有していた場合

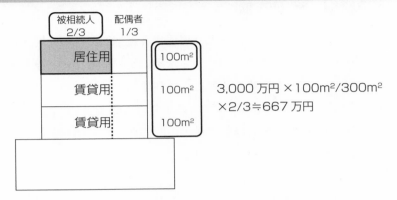

3,000 万円 × 100m² / 300m²
× 2/3 ≒ 667 万円

2 居住建物の評価

　居住建物の価額は、相続開始時における配偶者居住権が設定されていないものとした場合の居住建物の時価から配偶者居住権の価額を控除した残額により評価することとされています。

　このように配偶者居住権の評価において居住建物の所有権部分の価額を算出した上で居住建物の時価との差額を配偶者居住権の評価額としつつ、所有権部分を評価する際は改めて居住建物の時価から配偶者居住権の価額を控除した差額によることとされているのは、居住建物に賃貸部分があった場合には、配偶者居住権の評価額の計算の基礎となる居住建物の時価が賃貸部分を含まないのに対し、所有権部分には賃貸部分を含める必要があるためです。すなわち、賃貸部分の価額は、所有権部分に全て反映されることとなります。

　居住建物の価額は、算式にすると次のとおりです。

　居住建物の価額＝居住建物の時価※－配偶者居住権の価額

　※　相続税法 22 条に規定する時価

3 敷地利用権の評価

　居住建物の敷地の所有者は、配偶者居住権存続期間終了時に居住建物の敷地を自由に使用収益することができる状態に復帰することとなります。この点に着目し、敷地利用権の価額は、居住建物の敷地について、所有権部分の「配偶者居住権存続期間終了時の価額（将来価値）」を求め、それを現在価値に割り戻し、居住建物の敷地の時価からその割り戻した所有権部分の価額を控除した金額により評価します。

　具体的には、

①　配偶者居住権存続期間終了時の居住建物の敷地の時価を法定利率による複利現価率を用いて現在価値に割り戻す（所有権部分の将来価値を現在価値に割り戻した価額を求めます）

②　居住建物の敷地の時価から①で求めた価額を控除して敷地利用権の価額を求めます。

　なお、将来時点における土地等の時価を評価するのは不確実性を伴い困難な場合が多いと考えられること等から、時価変動を捨象し、相続開始時の価額をそのまま配偶者居住権存続期間終了時の時価として用いて計算します。

　また、配偶者居住権及び居住建物の評価と同様、遺産の分割の協議に時間を要した場合には、遺産の分割が行われた時の配偶者の平均余命年数及び法定利率等に基づき、遺産の分割が行われた時の居住建物の敷地に占める敷地利用権及び所有権の割合（敷地利用権と所有権の比率）を求め、その比率で相続開始時の時価を按分して、敷地利用権及び所有権の評価額を求めます。

　敷地利用権の価額は、次の算式により評価することとされています（相法23の2③一）。これらを「敷地利用権の評価額の計算の基礎となる金額」といいます。

【居住建物を被相続人が自用家屋として単独所有しており、かつ、居住建物の敷地も単独所有の場合】

敷地利用権の価額

＝　居住建物の敷地の時価※－居住建物の敷地の時価※

　　×　存続年数に応じた法定利率による複利現価率

　　※　相続税法22条に規定する時価

（注1）　敷地利用権の及ぶ範囲は、居住建物の敷地の用に供されている部分となるので、当該建物の敷地の評価単位と同一となります。

（注2）　居住建物の敷地が建物の区分所有等に関する法律の規定に基づく敷地利用権又は借地権である場合についても、被相続人が土地等の所有権を有していた場合と同様、上記の算式により評価します。

【居住建物の一部が賃貸用である場合又は被相続人が相続開始の直前において居住建物の敷地を他の者と共有し、若しくは居住建物を配偶者と共有していた場合】

敷地利用権の価額

＝　居住建物が賃貸の用に供されておらず、かつ、土地等が共有でないものとした場合の時価

　　×　$\dfrac{居住建物の賃貸の用に供されている部分以外の部分の床面積}{居住建物の床面積}$

　　×　被相続人が有していた居住建物の敷地の持分割合と当該建物の持分割合のうちいずれか低い割合

　居住建物が賃貸の用に供されておらず、かつ、土地等が共有でないものとした場合の時価を3,000万円とすると次のようになります。

居住建物の一部が賃貸用の場合

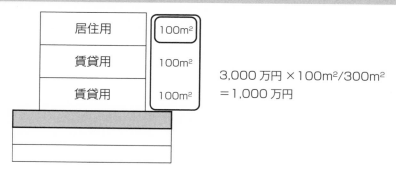

居住用	100m²
賃貸用	100m²
賃貸用	100m²

3,000万円×100m²/300m²
=1,000万円

居住建物の敷地のみを配偶者と共有していた場合

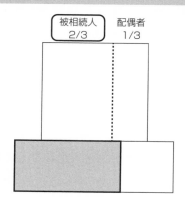

被相続人
2/3

配偶者
1/3

3,000万円×2/3=2,000万円

居住建物のみを配偶者と共有していた場合

被相続人
2/3

配偶者
1/3

3,000万円×2/3=2,000万円

居住建物の敷地及びその建物を共有していた場合

被相続人が有していた居住建物の敷地の持分割合とその建物の持分割合のうち、いずれか低い割合を敷地利用権の相続税評価額に乗じる（相令５の７④二ロ）

● 建物の敷地の持分割合＝建物の持分割合

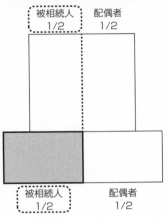

3,000万円×1/2＝1,500万円

● 敷地の持分割合＜建物の持分割合

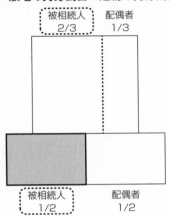

3,000万円×1/2＝1,500万円

● 敷地の持分割合＞建物の持分割合

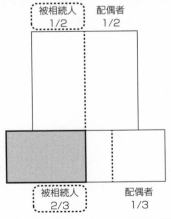

3,000万円×1/2＝1,500万円

居住建物の一部が賃貸用であり、その建物又は敷地を共有していた場合

● 居住建物の一部が賃貸用で
敷地のみ共有していた場合

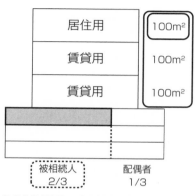

3,000 万円 ×100m²/300m²×2/3
≒667 万円

● 居住建物の一部が賃貸用で
建物のみ配偶者と共有の場合

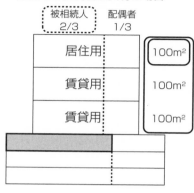

3,000 万円 ×100m²/300m²×2/3
≒667 万円

居住建物の一部が賃貸用で、建物・敷地ともに共有の場合

　被相続人が有していた居住建物の敷地の持分割合とその建物の持分割合のうち、いずれか低い割合を敷地利用権の相続税評価額に乗じる（相令５の７④ニロ）。

● 敷地の持分割合＝建物の持分割合

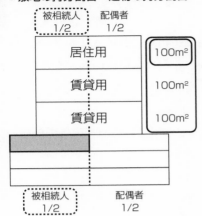

3,000万円×100m²/300m²×1/2
＝500万円

● 敷地の持分割合＜建物の持分割合

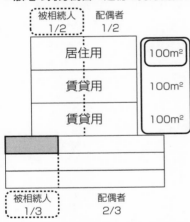

3,000万円×100m²/300m²×1/3
≒333万円

● 敷地の持分割合＞建物の持分割合

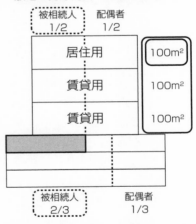

3,000万円×100m²/300m²×1/2
＝500万円

4 居住建物の敷地の評価

　居住建物の敷地の価額は、土地等の相続開始時における配偶者居住権が設定されていないものとした場合の時価から敷地利用権の価額を控除した残額によって評価することとされています。

　算式にすると次のとおりです。

　居住建物の敷地の価額＝居住建物の敷地の時価※－敷地利用権の価額

　※　相続税法 22 条に規定する時価

3 配偶者居住権の設定〜消滅

1 配偶者居住権の設定

　配偶者居住権の設定により、配偶者が取得する配偶者居住権の相続税評価額は、**2** **1** で示した相続税法23条の2に基づく価額となります。一方、その居住建物を取得する相続人等は、居住建物の評価額から、配偶者居住権の価額を控除した金額が、取得する資産の評価額となります。

2 配偶者居住権等の譲渡又は放棄

❶ 基本的考え方

　配偶者居住権を譲渡することはできないとされています（民1032）。しかし、配偶者居住権の合意解除や放棄は可能と解されており、たとえば、配偶者居住権付き建物の所有者がその対価を配偶者に支払い、配偶者居住権を消滅させることが可能と考えられます。そして、合意解除が行われた場合には、事実上、配偶者居住権を有する者から対価の支払者（配偶者居住権付き建物の所有者）に対する資産の譲渡と同じ効果が生じることになると考えられます。

　この点を踏まえ、配偶者居住権の消滅につき対価の支払を受けた場合には、その対価は、譲渡所得として所得税の課税対象となるべきものとされ、配偶者居住権が賃借権類似の法定債権の性質を有する点を踏まえれば、現行の賃借権の課税関係と同様に、総合課税の譲渡所得として課税すべきものと考えられます。また、配偶者敷地利用権があくまで（建物に対

する権利である）配偶者居住権に基づく敷地の使用権に過ぎない点を踏まえれば、配偶者敷地利用権の消滅に伴う譲渡所得の金額の計算についても、配偶者居住権と同様の内容で課税すべきものと考えられます。

　一方、配偶者居住権及び配偶者敷地利用権を無償又は著しく低い対価の支払により放棄した場合は、居住建物又はその敷地の所有者に相続税法9条のみなし贈与課税がされることとなります（相基通9-13の2）。

❷ 譲渡所得の計算における配偶者居住権等の取得時期

　相続又は遺贈によって配偶者居住権が設定された時において配偶者居住権を取得したものとされます。したがって、遺産分割による取得である場合にはその遺産分割の時となり、遺贈による取得である場合には相続開始の時となります。

　ただし、それが短期譲渡所得か長期譲渡所得かの判定では、被相続人等の取得時期を引き継ぐこととなります（所令82二・三）。

❸ 譲渡所得の計算において控除する取得費
【配偶者以外の相続人】

　配偶者居住権付き建物等に係る取得費の算式は以下のとおりです（所法60②）。
- 配偶者居住権の目的となる建物の取得費
　＝建物の取得費[※1]－配偶者居住権の取得費[※2]
- 配偶者敷地利用権の目的となる土地の取得費
　＝土地の取得費－配偶者敷地利用権の取得費[※2]
- ※1　配偶者居住権の設定から建物の譲渡までの期間の建物の減価の額を控除した金額
- ※2　配偶者居住権の設定から建物又は土地の譲渡までの期間の配偶者居住権又は配偶者敷地利用権の減価の額を控除した金額

【配偶者】

　配偶者居住権等に係る取得費の算式は以下のとおりです（所法 60 ③、所令 169 の 2）。

● 配偶者居住権の取得費

　＝（建物の取得費[※1]×配偶者居住権割合[※2]…A）

　　－A×その配偶者居住権の存続期間を基礎として一定の計算をした金額[*]

　　　＊　A×配偶者居住権を取得した時から配偶者居住権が消滅した時までの期間の年数（6 月以上の端数は 1 年とし 6 月に満たない端数は切捨て）÷配偶者居住権の存続年数（この割合が 1 を超える場合には 1 とします）

　　　　なお、配偶者居住権の存続年数は、次に掲げる場合の区分に応じ、それぞれ次に定める年数（6 月以上の端数は 1 年とし 6 月に満たない端数は切捨て）とします（相法 23 の 2 ①二イ、相令 5 の 7 ③）。

　　　　ア　配偶者居住権の存続期間が配偶者の終身の間とされている場合
　　　　……

　　　　　配偶者居住権が設定されたときにおける配偶者の平均余命（厚生労働省が男女別、年齢別に作成する完全生命表に掲載されている平均余命をいいます（相規 12 の 3））。

　　　　イ　上記アに掲げる場合以外の場合……遺産分割の協議・審判又は遺言により定められた配偶者居住権の存続年数（その年数が、配偶者居住権が設定されたときにおける配偶者の平均余命を超える場合には、その平均余命とします）

● 配偶者敷地利用権の取得費

　＝（土地の取得費×配偶者居住権割合[※2]…B）

　　－その配偶者敷地利用権の設定から消滅等までの期間に係る減価の額

　　－B×その配偶者居住権の存続期間を基礎として一定の計算をした金額[*]

　　　＊　B×配偶者敷地利用権を取得した時から配偶者敷地利用権が消滅した時までの期間の年数（6 月以上の端数は 1 年とし 6 月に満たない端数は切捨て）÷配偶者居住権の存続年数（この割合が 1 を超える場合には 1 とします）（所令 169 の 2 ④）

※1　被相続人による取得から配偶者居住権の設定までの期間の減価の額を
控除した金額

※2　配偶者居住権の設定時における配偶者居住権又は配偶者敷地利用権の
評価額がそれぞれ建物又は土地の価額に占める割合（相続税の財産評価
をベース）

❹ 配偶者居住権等の放棄

　配偶者居住権が、被相続人から配偶者居住権を取得した配偶者と当該配
偶者居住権の目的となっている建物の所有者との間の合意若しくは当該配
偶者による配偶者居住権の放棄により消滅した場合又は民法1032条4項
《建物所有者による消滅の意思表示》の規定により消滅した場合におい
て、当該建物の所有者又は当該建物の敷地の用に供される土地（土地の上
に存する権利を含みます）の所有者（以下「建物等所有者」といいます）
が、対価を支払わなかったとき、又は著しく低い価額の対価を支払ったと
きは、原則として、当該建物等所有者が、その消滅直前に、当該配偶者が
有していた当該配偶者居住権の価額に相当する利益又は当該土地を当該配
偶者居住権に基づき使用する権利の価額に相当する利益に相当する金額
（対価の支払があった場合には、その価額を控除した金額）を、当該配偶
者から贈与によって取得したものとして取り扱うものとされます（相基通
9-13の2）。

4 二次相続等があった場合

1 配偶者が死亡した場合

　前述のように、配偶者が死亡した場合には、民法の規定により配偶者居住権が消滅することとなり、相続税の課税関係は生じません（相基通9-13の2（注））。配偶者居住権の存続期間が終身ではなく、例えば10年といった有期で設定されて存続期間が満了した場合も、同様に贈与税の課税関係は生じません。

　これについては、居住建物の所有者が使用収益することが可能となったことを利益と捉え、その居住建物の所有者に対してみなし課税をするという考え方もありますが、このように配偶者の生存中存続し、死亡に伴い消滅するという権利関係が生じるのは、民法に定められた配偶者居住権の意義そのものに由来するものであることや、居住建物の所有者は配偶者居住権の存続期間中は自らの使用収益が制約されるという負担を負っていること、相続税法における評価方法の考え方からすれば、その負担は存続期間にわたって逓減するものであり、配偶者の死亡時にまとまって解消されるのではないことを踏まえれば、課税の公平上問題があるともいえないことから、みなし課税をする必要はないと考えられています。

　配偶者は、その死亡による配偶者居住権の消滅の時に、当初設定した配偶者居住権に基づき建物の使用収益の完了に至ることから、移転し得る経済的価値は存在しないと考えられ、相続税法9条の規定の適用もないと考えられます。

　なお、配偶者居住権の評価に用いる存続年数は原則として平均余命によ

ることとされていますが、実際には、配偶者は相続税の課税時期における平均余命より早く亡くなる場合もあれば、それより長く生存される場合もあります。この場合、課税時期に想定された平均余命による評価額と実際の死亡時期を用いた事後的な評価額とでは結果的に差を生じることとなりますが、平均余命による評価は、課税時期における最も合理的な評価方法であると考えられることから、この差を生じたことに伴い事後的に税額を調整する必要はないものと考えられます。この点は、同じく平均余命によっている相続税法24条の定期金に関する権利の評価においても同様となっています。

② 配偶者より先に所有者が死亡した場合

　配偶者より先に居住建物の所有者が死亡した場合には、居住建物の所有権部分について所有者の相続人に相続税が課されます。この場合、配偶者居住権は存続中なので、所有者の相続開始時において、上述の所有権部分と同様に評価することが考えられます。また、居住建物の敷地についても同様です。

　なお、居住建物の所有者から所有権部分の贈与があった場合も同様に贈与税が課税され、その課税価格は贈与時点における居住建物の評価額から配偶者居住権部分の評価額を控除した金額とすることが考えられます。

5 収用等特例の適用

　居住建物が収用等されて、配偶者居住権・同敷地利用権が消滅等をし、配偶者が一定の補償金を取得するときは、譲渡所得として課税され、また、収用等に伴う代替資産の特例や5,000万円控除の特例などの適用を受けることができます（措法33③三・四・33の4①）。ただし、代替資産の範囲については、配偶者居住権に関する固有の一定の制限が付されています。

1 収用等特例

　収用等に伴い代替資産を取得した場合の課税の特例について、配偶者居住権に対応し、次の措置が講じられています（措法33）。

① 　本特例の適用対象となる配偶者居住権及び配偶者居住権の目的となっている建物の敷地の用に供される土地等を当該配偶者居住権に基づき使用する権利の消滅等につき取得する補償金等をもって取得をする代替資産の範囲の細目が定められました。

② 　第一種市街地再開発事業等の施行による施設建築物の一部等についての配偶者居住権の取得を希望しない旨の申出に基づき補償金を取得する場合において、本特例の適用対象となるやむを得ない事情によりその申出をしたと認められる場合が定められました。

③ 　本特例の適用対象となる配偶者居住権の目的となっている建物又はその敷地の用に供される土地等が収用等をされたことに伴い取得する配偶者居住権等の対価又は配偶者居住権等の損失に対する補償金の細目が定

め－られました。

④　本特例の適用対象から除かれる第一種市街地再開発事業等の施行者である再開発会社等の株主又は社員が一定の補償金を取得する場合に、配偶者居住権等を有する当該株主又は社員が当該配偶者居住権等の消滅につき一定の補償金を取得する場合が加えられました。

　実務的には、配偶者と建物所有者等に対してそれぞれに交付された補償金の割合と、配偶者居住権等割合が異なることがあり得ます。しかし、これはあくまでも第三者との取引の結果であるため、配偶者と建物所有者等との間で、利益移転等が税務上問題とされることはないと考えられます。

２　換地処分等特例

　換地処分等に伴い資産を取得した場合の課税の特例について、都市再開発法の権利変換により取得した施設建築物の一部についての借家権を取得する権利等につき譲渡等があった場合において、旧資産のうち譲渡等があったものとみなされる部分の計算方法が定められています（措法33の3）。

３　居住用財産の譲渡における特別控除

　配偶者居住権・同敷地利用権の譲渡については、居住用財産譲渡の3,000万円控除の適用が可能なのかという疑問があります。しかしながら、配偶者居住権の譲渡は総合譲渡とされ、また、租税特別措置法35条については改正が行われていないことから、同特例の適用はないと考えられます。

6 配偶者居住権と収益する権利

1 建物の一部が賃貸用である場合の配偶者居住権の評価額

　配偶者居住権は、配偶者がその居住建物の全部について無償で使用及び収益をする権利であることから、配偶者が居住建物の一部しか使用していなかった場合であっても、配偶者居住権の効力は居住建物全部に及ぶこととなります（民1028①）。つまり、建物の一部が賃貸用である場合、その賃貸用部分にも配偶者居住権が及ぶことになります。

　しかし、前述のように、相続税法23条の2では、居住用部分のみを配偶者居住権の評価の対象としていることから、次のような問題点が指摘されています（坂田真吾「配偶者居住権のすべてがわかる！ 民法（相続法）改正のファイナルチェック」税務弘報2020年2月号、中央経済社）。

---

① 　相続開始に伴う配偶者居住権の設定（取得）に先行し、既に借家契約がある場合、配偶者はその借家人に対して権利を主張することはできない。一方、借家人が相続後に支払う家賃は、原則として配偶者に帰属することになるが、法務上、配偶者の同意がある限りにおいて、例外的に建物所有者に帰属させることも可能と解されている。しかしながら、このような合意が行われた場合の税務の取扱いが明らかでないこと。

② 　原則どおり配偶者が家賃を収受する場合には、相続税法23条の2による配偶者居住権の評価額は、配偶者に帰属する経済的価値に比して割安になってしまうこと。

---

③　原則どおり配偶者が家賃を収受する場合には、建物全体を配偶者
居住権の評価の対象とするように改正するように改正したならば、
家賃の帰属先を配偶者から建物所有者に変更した場合の取扱いを含
め検討が必要なこと。

2 配偶者が賃貸収入を得た場合の所得税

　配偶者が賃貸収入を得た場合は、所得税法12条（実質所得者課税の原
則）により、配偶者に帰属すると思われます。この場合の減価償却費や租
税公課などの必要経費の計上についても配偶者に帰属すると思われます
が、法的に明確ではありません。

7 配偶者居住権と小規模宅地等の減額特例

　配偶者居住権は、賃借権類似の建物についての権利とされていることから、配偶者居住権自体が小規模宅地等の減額特例の対象となることはありません。他方、配偶者居住権に付随するその目的となっている建物の敷地を利用する権利（敷地利用権）については、「土地の上に存する権利」に該当するので、減額特例の対象となります。

　なお、減額特例を受けるものとしてその全部又は一部の選択をしようとする宅地等が配偶者居住権の目的となっている建物の敷地の用に供される宅地等又は配偶者居住権に基づく敷地利用権の全部又は一部である場合には、その宅地等の面積は、その面積に、それぞれその敷地の用に供される宅地等の価額又はその敷地利用権の価額がこれらの価額の合計額のうちに占める割合を乗じて得た面積であるものとみなして計算をし、限度面積要件を判定します（措令40の2⑥）。

配偶者居住権が設定されている場合における小規模宅地等の面積調整

【例】
○土地：更地の相続税評価額 4,000万円　面積 200㎡
○子が土地・建物を相続
○建物に配偶者と子が居住

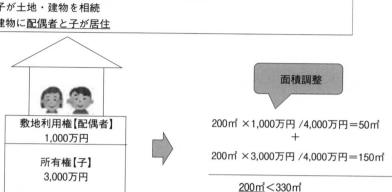

敷地利用権【配偶者】
1,000万円

所有権【子】
3,000万円

面積調整

200㎡×1,000万円／4,000万円＝50㎡
＋
200㎡×3,000万円／4,000万円＝150㎡

200㎡＜330㎡
⇒居住用の限度面積を満たす

（出典）財務省 令和元年度税制改正の解説 539 頁

8 物納の取扱い

　配偶者居住権は相続又は遺贈により取得した財産であり、相続税の課税対象ではありますが、民法上、第三者への譲渡が禁じられているため、国への譲渡である物納の対象とはなりません。一方で、配偶者居住権が設定されている建物とその敷地の所有権部分にはそのような制限はないため、物納の申請をすることは可能と考えられます。

　ただし、配偶者居住権が設定されている建物とその敷地については、これらを第三者へ譲渡した後もその物件に配偶者居住権が存続し、その物件の使用・収益が制限されることから、物納後に国が換価するには困難を伴うことが想定されます。このように物納後に国が換価することが困難と考えられる財産については、物納劣後財産とされ、物納に充てることができる順位が後れることから、他に物納申請に適した財産がある場合には、その財産から物納の申請をする必要があります。配偶者居住権が設定されている建物とその敷地についても、物納劣後財産とされています（相令19五）。

IV

共有不動産と税務

1 法定相続分による共有と未分割

1 相続財産が未分割の場合の相続税の申告

　相続税の申告と納税は、被相続人が死亡したことを知った日の翌日から10か月以内に、被相続人の死亡の時における住所が日本国内にある場合は、被相続人の住所地を所轄する税務署に対して行うことになっています。相続財産が分割されていない場合であっても上記の期限までに申告をしなければならず、分割されていないということで相続税の申告期限が延びることはありません。

　そのため、相続財産の分割協議が成立していないときは、各相続人などが民法に規定する相続分又は包括遺贈の割合に従って財産を取得したものとして相続税の計算をし、申告と納税をすることになります（相法55）。

　民法に規定する相続分又は包括遺贈の割合で申告した後に、相続財産の分割が行われ、その分割に基づき計算した税額と申告した税額とが異なるときは、実際に分割した財産の額に基づいて修正申告又は更正の請求をすることができます。その場合の更正の請求は、分割が行われた日の翌日から4か月以内に行わなければならないとされています（相法32①一）。

2 相続財産の分割が要件となる特例と対処方法

　相続税の申告書の提出期限までに相続又は遺贈により取得した財産の全部又は一部が分割されていない場合、ⅰ）配偶者の相続税額の軽減、ⅱ）小規模宅地等についての相続税の課税価格の計算の特例、ⅲ）特定計画山

林についての相続税の課税価格の計算の特例、又は、ⅳ）特定事業用資産についての相続税の課税価格の計算の特例の適用が受けられません。

　しかし、その相続税の申告書とともに、「申告期限後3年以内の分割見込書」を税務署長に提出することにより、実際に申告期限後3年以内に分割したならば、これらの特例を適用させて、更正の請求又は修正申告をすることができます（相法19の2、27、31から33、55、措法69の4、69の5）。

　もし、相続税の申告期限の翌日から3年を経過する日において相続等に関する訴えが提起されているなど一定のやむを得ない事情があるため、相続財産が未だ未分割である場合は、申告期限後3年を経過する日の翌日から2か月を経過する日までに、「遺産が未分割であることについてやむを得ない事由がある旨の承認申請書」を提出し、その申請につき所轄税務署長の承認を受けた場合には、判決の確定の日など一定の日の翌日から4か月以内に分割されたときに、これらの特例の適用を受けることができます（相法19の2、32、措法69の4、69の5、相令4の2、措令40の2、相規1の6、措規23の2）。

　このやむを得ない事情とは、具体的には、次に掲げるような事情により客観的に遺産分割ができないと認められる場合をいうものとされています（相基通19の2-15）。

①　当該申告期限の翌日から3年を経過する日において、共同相続人又は包括受遺者の1人又は数人が行方不明又は生死不明であり、かつ、その者に係る財産管理人が選任されていない場合

②　当該申告期限の翌日から3年を経過する日において、共同相続人又は包括受遺者の1人又は数人が精神又は身体の重度の障害疾病のため加療中である場合

③　当該申告期限の翌日から3年を経過する日前において、共同相続人又は包括受遺者の1人又は数人が相続税法施行地外にある事務所若しくは

事業所等に勤務している場合又は長期間の航海、遠洋漁業等に従事している場合において、その職務の内容などに照らして、当該申告期限の翌日から3年を経過する日までに帰国できないとき

④ 当該申告期限の翌日から3年を経過する日において、相続税法施行令4条の2第1項1号から3号までに掲げる事情※又は上記①から③までに掲げる事情があった場合において、当該申告期限の翌日から3年を経過する日後にその事情が消滅し、かつ、その事情の消滅前又は消滅後新たに同項1号から3号までに掲げる事情又は上記①から③までに掲げる事情が生じたとき

※ 相続税法施行令4条の2第1項1号から3号までに掲げる事情とは次の事情をいいます。

ア 当該相続又は遺贈に係る相続税法19条の2第2項に規定する申告期限の翌日から3年を経過する日において、当該相続又は遺贈に関する訴えの提起がされている場合（当該相続又は遺贈に関する和解又は調停の申立てがされている場合において、これらの申立ての時に訴えの提起がされたものとみなされるときを含みます）

イ 当該相続又は遺贈に係る申告期限の翌日から3年を経過する日において、当該相続又は遺贈に関する和解、調停又は審判の申立てがされている場合

ウ 当該相続又は遺贈に係る申告期限の翌日から3年を経過する日において、当該相続又は遺贈に関し、民法907条3項（遺産の分割の協議又は審判等）若しくは908条（遺産の分割の方法の指定及び遺産の分割の禁止）の規定により遺産の分割が禁止され、又は同法915条1項ただし書（相続の承認又は放棄をすべき期間）の規定により相続の承認若しくは放棄の期間が伸長されている場合（当該相続又は遺贈に関する調停又は審判の申立てがされている場合において、当該分割の禁止をする旨の調停が成立し、又は当該分割の禁止若しくは当該期間の伸長をする旨の審判若しくはこれに代わる裁判が確定したときを含みます）

この場合に、判決の確定の日など一定の日の翌日から4か月以内に分割されたときに、分割が行われた日の翌日から4か月以内までに「更正の請求」を行うこととなります。

3 法定相続分により登記をした場合

　相続発生後、実際は遺産分割協議が整わなかったため、とりあえず、法定相続分により共有登記をすることもあります。その後、本来の意味での分割協議が整い、それに従って登記のやり直しをした場合、税務上の取扱いが疑問となります。

　税務は原則として実質により判定するため、最初の法定相続分での共有登記がどのような意図で行われたかが問題となります。次の2つのケースが考えられます。

① 相続財産が未分割であり、それを表示する目的で各相続人の法定相続分に応ずる共有持分に基づく登記が行われたケース

② 法定相続分により相続財産の分割が行われ、それを表示するために相続登記が行われたケース

　①の場合であれば、相続財産は未分割の状態にあるため、相続人全員の協議によって遺産分割をすることになり、それに基づく登記が行われても、贈与税の問題は発生しません。しかし、②の場合であれば、すでに遺産分割は終了しているので、遺産の再分割、あるいは資産の譲渡が行われたと判断されることになります。相続税法基本通達19の2-8ただし書きでは、分割のやり直しとして再配分をした場合には、遺産の分割には該当しないとしており、贈与・交換等が行われたものとして取り扱われることとなります。

　上記①、②のどちらに当たるかは事実認定によることとなりますが、基本的には共有登記の申請時における登記申請書、添付書類等に基づいて判断することになると考えられます。

　ところで、令和3年4月21日に成立（同月28日公布）した「民法等の一部を改正する法律」（令和3年法律第24号）により、相続開始の時から10年を経過したときは、相続財産に属する共有物の持分について、裁判

所に共有物の分割を請求することができ、その場合は法定相続分等（民900〜902）により分割されることとなります（改正民法258・258の2②③・898）。この規定では、他の相続人による異議の申出を認めていることから、税務上は上記②に準じて判断されることも考えられます。

　改正民法は、施行期日は、原則として公布後2年以内の政令で定める日とされていますので、今後の税務の対応が注目されます。

持分譲渡等とその問題点

　相続で引き継いだ共有名義不動産を処分する場合は、共有者全員の承諾が必要です。一方、持分の譲渡であれば、単独行為として行うことができます。

1 共有者全員の同意による売却

　共有者全員で協力して売却し、持分の割合に応じて売却代金を分け合う方法です。売却代金及び売却にかかった費用は、共有持分どおりに分割を行い、譲渡所得の申告をすることになります。

2 分筆後売却

　遺産分割による共有登記がされている不動産（土地）について、共有物の分割をし、自己の単独所有として、売却する方法です。

　具体的には、まず、分筆の登記をし、それぞれの筆が単独所有となるように、権利の一部移転の登記をします。つまり、共有者相互間において、共有物の各部分につき、その有する持分の交換又は売買が行われることになります（民法 249・261）。

　税務的には、持分の交換が等価交換であり、固定資産の交換の特例（所法 58）の適用要件を満たしているのであれば、土地の譲渡はなかったものとして取り扱われます（所基通 33-1 の 7）。

3 他の共有者に対する自分の共有持分の売却

　自己の共有持分を他の共有者に売却することも可能です。売却当事者以外の他の共有者の同意も必要ありません。税務的には、単なる不動産の譲渡となります。

4 第三者に対する自分の共有持分の売却

　不動産業者の中には底地や借地、共有持分の買取りを行う業者が存在します。このような業者等に自分の共有持分を売却する方法です。この場合も、他の共有者の同意は必要ありません。しかしながら、これらの不動産は、複数人でその不動産を所有しているのですから、持分を購入した者もその不動産を自分の好きなように自由に使うことができません。したがって、買い取った持分を他の共有者に売却したり、後述する共有物分割請求などをしたりして、換金することになります。

　この場合の売却価額ですが、相続税評価額を基礎として計算した金額に比べ、かなり低い価額となることが考えられます。このことが低額譲渡に該当し、所得税法59条1項2号の規定に該当するものとならないか、疑問が生じます。しかしながら、共有者でない第三者が取得する場合は、異なる時価が存在すると思われます。このことを示したのが、底地権の事例ですが、昭和57年3月25日の裁決です（J23-2-07）。

〈参考裁決例〉
（底地の譲渡・低額譲渡）借地人以外の第三者に対する貸地の譲渡が著しく低い価額の対価による譲渡によるものではないとした事例（全部取消し）（昭54年分所得税、昭57-03-25裁決）所得税・裁決・J23-2-07

　納税者は、相続税を納付するため、相続財産の一部である本件宅地

（底地）を売却することとし、本件宅地の借地人であるＤ及びＥに対して本件宅地の買取りを要請したところ、両名には買取りの意思はなく、同人らはこれまで地主（納税者の父及び納税者）に対して非協力的であったこと、及び、納税者は早く相続税を納税しなければならないなどの事情にあったことから、納税者は、本件宅地を借地人以外の第三者であるＡ社に 10,000,000 円でに売却し、所得税の申告をした。

　原処分庁は、その土地の相続税評価額は 21,710,122 円であることや取引事例などにより、時価 43,645,410 円により譲渡があったものとみなして低額譲渡の特例の規定を適用して更正処分をしたため争いとなった。

　審判所は、借地人以外の第三者が貸地の底地を買うことは、貸地の地代収受権を取得することにほかならないものであり、このことは投資利回りの点からも有利でないことから取引事例は極めて少なく、底地の価額は低くなるものであるから、これを借地人が底地を取得する場合と同様に考えて一般的な借地権割合を基にその底地価額を評価したことは適当でなく、借地人でない第三者に底地を譲渡する場合に通常成立すると認められる底地価額として不動産鑑定士が評価した価額を時価とするのが適当であって、所得税法第 59 条第 1 項第 2 号の規定に該当するものであるとした原処分は相当でないとした。

　路線価は時価の 8 割程度、固定資産税評価額は時価の 7 割程度で設定されています。そのことから、路線価を 0.8 で割り戻して求めた価額を基に算出した金額を、売買時価と考えることも行われています。しかしながら、売買の価額は購入者にとっての価値で決まることから、相続税評価額を基礎として計算した金額が適正な時価であるとは限らないことが、この事例からもわかります。

3 持分を放棄又は贈与する場合

　共有持分の売却以外に、共有持分を放棄することも可能です（民255）。共有持分を放棄すると、放棄された共有持分は、他の共有者へ、それぞれの共有者の持分割合に応じ帰属することとなります。共有持分の放棄はみなし贈与とみなされ、帰属された共有者は贈与税を課せられる場合があります（相基通9-12）。

　一方、特定の共有者に自分の共有持分を無償で譲渡したいという場合には、贈与という形になり、当然贈与税が課せられます。

4 第二次相続において 係累がいない場合

　相続不動産の共有者が死亡した場合に、その共有者に相続人がいないときは、その共有者の持分は、他の共有者に帰属します（民255）。そのため、相続税では、他の共有者がその持分に応じて遺贈により共有持分を取得したものとして相続税を課税することとされます（相基通9-12）。

　ところで、先述の改正民法（**1** **3** 参照）においては、裁判所の関与の下で、不明共有者等に対して公告等をした上で、残りの共有者の同意で、共有物の変更行為や管理行為を可能にする制度や、裁判所の関与の下で、不明共有者の持分の価額に相当する額の金銭の供託により、不明共有者の共有持分を取得して不動産の共有関係を解消する仕組みが創設されます（改正民法262の2・262の3）。不明共有者の持分が相続財産に属する場合は、相続開始10年超という縛りが設けられていますが、この制度の利用により不明共有者の持分を取得した者は、民法上譲渡により取得したこととなります。しかし、税務上は一旦法定相続分等により取得し、さらに譲渡により取得したことになるのか、代償分割等に準じた方法により取得したことになるのかは不明です。

5 共有物分割請求

　共有状態の解消方法として、共有物分割請求というものがあります（民258）。共有状態の解消を求める人がいれば、その人の意思を尊重して強制的に共有状態を解消しなければならないものとされています。共有物分割請求では、共有者の誰かが持分を買い取るか、共有物全体を売却して代金を分けるかのいずれかの方法で共有状態が解消されます。共有物分割請求によって共有状態が強制的に解消できることから、共有不動産の時価売却、他の共有者の共有持分の強制買取りも可能となります。共有物分割請求によって共有状態を解消する方法としては、現物分割、代償分割、そして、換価分割があります。

　このうち、代償分割を行う場合の問題は金額をどのように決めるかであり、当事者の間の話し合いで決まらない場合は、裁判所が選任する不動産鑑定士の鑑定価格で決まることとなります。

　ここで、問題となるのが、前述の場合のように、税務上の評価額と適正な取引価額に大幅な差異がある場合です。例えば次のようなケースがあります。

　同族会社の代表者が、その所有する土地を、その同族会社に対し、工場等を建てるために貸し付けていた場合に、借地権利金の認定課税を受けないために、会社は法人税法施行令137条の相当の地代の支払いをしていました。その代表者に相続が発生し、その土地は、代表者の2人の娘が共有にて相続しましたが、会社が相当の地代の支払いを継続していました。その後、2人の娘のうち、姉に相続が発生し、土地の持分は姉の配偶者であり、同族会社の現代表者である者が相続しました。現代表者はその持分を

同族会社に売却し、同族会社は、妹に共有物分割請求をしました。この場合において、裁判所が提示した買取価額は、底地価額としての世間相場を基準としたものとなりますが、妹について、もし相続が発生した場合のその土地の評価額は、更地価額の 80％となります。

　相当の地代にせよ、無償返還届にせよ、これらは身内間での取引を前提とした税法上の取扱いなので、それが、他人間取引に変わったとたん、社会通念との乖離が生ずることとなり、このような現象が生ずることとなります。

　なお共有物分割請求訴訟については、先述の改正民法（**1** **3** 参照）により、実務上行われていた分割方法である現物分割、代償分割、競売分割の 3 つの方法が明示され、現物分割と代償分割は同列で選択可能とし、競売分割は補充的なものとするなどの制度の明確化がされています。

V

相続不動産と譲渡

1 換価分割と代償分割

相続不動産を現金化して分割する方法として、換価分割と代償分割があります。

1 換価分割

換価分割とは、共同相続した遺産を直接分割の対象とせず、まずこれを未分割の状態で換価し、その対価として得られる金銭を共同相続人間で分割する方法をいいます。

❶ 未分割遺産を換価したことによる譲渡所得の申告

換価分割では、遺産を処分するのは共同相続人全員となります。譲渡所得は全員に帰属し、これに対する所得税は全員が負担します。換価分割であることを当事者間で合意しているのであれば、もし、共同相続人中の特定の者が代表してその名で処分した場合も、上記の権利関係は同じであり、他の相続人はあらかじめその特定の者に委任状を提出することになります。

「未分割遺産を換価したことによる譲渡所得の申告とその後分割が確定したことによる更正の請求、修正申告等」について、国税庁のホームページに照会事例が掲載されています。

質疑応答事例　譲渡所得

> **未分割遺産を換価したことによる譲渡所得の申告とその後分割が確定したことによる更正の請求、修正申告等**
>
> 【照会要旨】
>
> 　相続財産のうち分割が確定していない土地を換価した場合の譲渡所得の申告はどのように行えばよいですか。
>
> 　また、仮に、法定相続分に応じて申告した後、遺産分割により換価遺産（又は代金）の取得割合が確定した場合には、そのことを理由として更正の請求又は修正申告書の提出をすることができますか。
>
> 【回答要旨】
>
> 　遺産分割の一形態である換価分割には、換価時に換価代金の取得割合が確定しているものと、確定しておらず後日分割されるものとがあります。
>
> 1　換価時に換価代金の取得割合が確定している場合
>
> 　この場合には、①換価代金を後日遺産分割の対象に含める合意をするなどの特別の事情がないため相続人が各法定相続分に応じて換価代金を取得することとなる場合と、②あらかじめ換価時までに換価代金の取得割合を定めている（分割済）場合とがあります。
>
> 　①の場合は、各相続人が換価遺産に有する所有割合である法定相続分で換価したのですから、その譲渡所得は、所有割合（＝法定相続分）に応じて申告することとなります。
>
> 　②の場合は、換価代金の取得割合を定めることは、換価遺産の所有割合について換価代金の取得割合と同じ割合とすることを定めることにほかならず、各相続人は換価代金の取得割合と同じ所有割合で換価したのですから、その譲渡所得は、換価遺産の所有割合（＝換価代金

の取得割合）に応じて申告することになります。

2 換価時に換価代金の取得割合が確定しておらず、後日分割される
　場合

　遺産分割審判における換価分割の場合や換価代金を遺産分割の対象
に含める合意をするなど特別の事情がある場合に、換価後に換価代金
を分割したとしても、①譲渡所得に対する課税はその資産が所有者の
手を離れて他に移転するのを機会にこれを清算して課税するものであ
り、その収入すべき時期は、資産の引渡しがあった日によるものとさ
れていること、②相続人が数人あるときは、相続財産はその共有に属
し、その共有状態にある遺産を共同相続人が換価した事実が無くなる
ものではないこと、③遺産分割の対象は換価した遺産ではなく、換価
により得た代金であることから、譲渡所得は換価時における換価遺産
の所有割合（＝法定相続分）により申告することになります。

　ただし、所得税の確定申告期限までに換価代金が分割され、共同相
続人の全員が換価代金の取得割合に基づき譲渡所得の申告をした場合
には、その申告は認められます。

　しかし、申告期限までに換価代金の分割が行われていない場合に
は、法定相続分により申告することとなりますが、法定相続分により
申告した後にその換価代金が分割されたとしても、法定相続分による
譲渡に異動が生じるものではありませんから、更正の請求等をするこ
とはできません。

【関係法令通達】

　国税通則法第23条第2項

　上記の質疑応答事例でも指摘しているように、換価時に換価代金の取得
割合が確定しておらず、後日分割される場合は注意が必要です。

❷ 代償分割との違い

代償分割との違いを一覧表にすると次のようになります。

	代償分割	換価分割
遺産の帰属	代償分割義務者のみ	共同相続人全員
遺産を譲渡した場合の 譲渡所得税	代償分割義務者のみ	共同相続人全員

❸ 換価分割の税法上のメリット

換価分割の場合は、相続人ごとに譲渡所得税が課税されます。したがっ
て、要件を満たせば、居住用財産の特別控除等の適用があり（措法35・
31の3）、被相続人の取得費、取得時期を引き継ぐこととなります。ま
た、相続税額の取得費加算の特例の適用もあります（措法39）。

2 代償分割の概要

特定の相続人が遺産の大部分を取得する代わりに、他の相続人に代償金
等を渡す方法です。

❶ 意義・根拠

「代償分割」とは、共同相続人又は包括受遺者のうち1人又は数人が相
続又は包括遺贈により取得した財産の現物を取得し、その現物を取得した
者が他の共同相続人又は包括受遺者に対して債務を負担する分割の方法を
いいます（相基通11の2-9注書き）。また、家事事件手続法195条では、
「家庭裁判所は、遺産の分割の審判をする場合において、特別の事情があ
ると認めるときは、遺産の分割の方法として、共同相続人の一人又は数人
に他の共同相続人に対する債務を負担させて、現物の分割に代えることが

できる。」としています。

　この場合において、相続人が取得した被相続人の財産を代償財産といい、その相続人が他の相続人に対して負う、自身の財産を引き渡す債務を代償債務といいます。

❷ 代償分割を選択する場合の実務上の注意点

　代償分割を選択する場合、ⅰ）代償金の支払い能力に裏付けはあるか、ⅱ）相続財産の売却を前提とする場合は換価分割も検討したか、ⅲ）遺産分割協議書に代償分割である旨が明記されているかが問題となります。

　ⅲについて、具体的には、遺産分割協議書に、たとえば「第〇条　相続人Ａは、遺産のほとんどを取得する代償として、相続人Ｂに対し、金壱千万円を令和〇年〇月〇日までに支払うものとする。」と記載します。

3 代償分割による場合の相続税の申告

❶ 課税価格の計算

　代償分割の方法により相続財産の全部又は一部の分割が行われた場合の相続税の課税価格の計算は、次のようになります（相基通 11 の 2-9）。

- 代償財産を交付した人の課税価格
  ＝相続又は遺贈により取得した現物の財産の価額－交付した代償財産の価額
- 代償財産の交付を受けた人の課税価格
  ＝相続又は遺贈により取得した現物の財産の価額＋交付を受けた代償財産の価額

例①：相続人甲が、相続により土地（相続税評価額 4,000 万円、代償分割

　　時の時価5,000万円）を取得する代わりに、相続人乙に対し現金
　　2,000万円を支払った場合
　　　甲の課税価格：4,000万円－2,000万円＝2,000万円
　　　乙の課税価格：2,000万円

❷ 代償財産の価額

　相続税の課税価格に加算又は控除する代償財産の価額は、次のようになります（相基通11の2-10）。

ア　原則

　代償財産の価額＝代償債務の相続開始時の時価

イ　共同相続人及び包括受遺者の全員の協議に基づいて、ウで説明する方法に準じた方法又は他の合理的と認められる方法により代償財産の額を計算して申告する場合

　代償財産の価額＝その申告した額

ウ　イ以外の場合で、代償債務の額が、代償分割の対象となった財産が特定され、かつ、代償債務の額がその財産の代償分割の時における通常の取引価額を基として決定されている場合

$$代償財産の価額＝代償債務の額×\frac{代償分割の対象となった財産の相続開始の時における価額}{代償債務の額の決定の基となった代償分割の対象となった財産の代償分割の時における価額}$$

　つまり、上記ウの圧縮計算は、次の3つの要件を満たすときに適用されることとなります。

①　代償債務の額が、代償分割の対象となった財産が特定されて決定されていること

②　代償債務の額が、代償分割の対象となった財産の代償分割の時におけ

る通常の取引価額を基として決定されていること

③　代償財産の具体的な申告額についての協議がなかったこと

例②：例①の場合で、代償財産（現金 2,000 万円）の額が、相続財産である土地の代償分割時の時価 5,000 万円（相続税評価額 4,000 万円）を基に決定された場合

甲の課税価格：4,000 万円 − ｛2,000 万円×（4,000 万円÷5,000 万円）｝
＝2,400 万円

乙の課税価格：2,000 万円×（4,000 万円÷5,000 万円）＝1,600 万円

4 代償分割により現物資産を交付した場合

　代償分割により交付する代償財産は金銭であることが多いのですが、代償分割者が保有する現物資産を交付することもあります。その場合の課税関係は次のようになります。

❶ 交付した者（代償分割者）の課税関係

● 譲渡所得に係る総収入金額

譲渡価額＝時価

所基通 33-1 の 5（代償分割による資産の移転）

　遺産の代償分割（現物による遺産の分割に代え共同相続人の一人又は数人に他の共同相続人に対する債務を負担させる方法により行う遺産の分割をいう。以下同じ。）により負担した債務が資産の移転を要するものである場合において、その履行として当該資産の移転があったときは、その履行をした者は、その履行をした時においてその時の価額により当該資産を譲渡したこととなる。

この場合の時価をどのように算定するかが問題となります。

たとえば、「代償財産が土地の場合に、土地の評価額の算定方法について争われた事例」（平16.12.8裁決・裁事68-92）は、請求人が主張した路線価を基とした価額と、原処分庁が主張した公示価額及び基準地価額に基づいた価額のいずれもが認められず、審判所が算定した価額を時価とした事例です。

　納税者は、被相続人から資産と負債の全部を相続し、他の相続人3名のうち2名に対して金銭を支払い、残りの1名に納税者が所有する土地（本件土地）の交付を行った。本件土地に対し、納税者は路線価を基に、他の相続人への金銭債務の支払額等を考慮した評価で申告を行い（評価額1,200万円）、これに対し原処分庁は公示価格と基準地価格に基づいた評価額を計算し（評価額約1,980万円）、更正処分等を行った。

　審判所は、納税者の行った路線価を基に土地の価額を算定したことについて、客観的な時価を求める場合において合理的な根拠を欠くものとした一方、原処分庁が採用した公示価格と基準地価格に基づく評価は、用途地域や建ぺい率等が本件土地と異なっていることから合理性を欠くもので、いずれも時価であるということはできないとし、審判所で評価額の算定を行い、取引事例比較法等を利用して価額を計算すると、本件更正処分の額を上回ったため（評価額約2,030万円）、本件更正処分は適法とした。

上記では、審判所は取引事例比較法等を利用したとありますが、裁決書で詳細を確認すると「相当と認められる不動産鑑定評価基準及び土地価格比準表（国土交通省から通達された土地価格評価事務のための一般的な比準方法を定めたもの）等を参考として、不動産鑑定評価における取引事例

比較法と同様の手法により、各種補正を行って本件譲渡の時における本件
土地の1平方メートル当たりの価額を試算」とあります。

　つまり、路線価や公示価格、基準地価格等が合理性を欠く場合、鑑定評
価額等に合理性を求めることが必要でしょう。

❷ 相続取得財産の取得費の額についての留意点

　代償分割により負担した債務に相当する金額は、当該債務を負担した者
が当該代償分割に係る相続により取得した資産の取得費には算入されませ
ん（所基通38-7（1））。その理由は、遺産の代償分割により負担した代償
債務の額は、相続税の課税価格の計算上控除されているためです。

　しかしながら、相続人から他の相続人への金銭の支払いが、代償分割に
該当することについての事実関係が問題となることもあり、そのような事
例として、平成9年12月15日裁決（裁事54-210）をあげます。

**譲渡資産は、換価分割により取得したものではなく、代償分割により取得した
ものであるから、他の相続人に支払った代償金は譲渡所得の計算における取得
費には該当しないとした事例（平成4年分所得税に係る更正処分等・棄却・平
09-12-15裁決）**

　不動産を譲渡した納税者は、その不動産は、家庭裁判所の調停案の
とおり、他の相続人らが相続し、これを直ちに自分が6,000万円で
買い取る旨の遺産分割の合意を見るに至ったものであるから、他の相
続人らからの取得額6,000万円を本件譲渡所得における取得価額と
すべきであると考え、譲渡所得の申告をした。これに対し、原処分庁
は、この6,000万円は他の相続人に対する代償債務の履行に伴う支
払であり、譲渡所得の金額の計算上、取得費の額に算入することはで
きないとして、更正処分等をした。納税者はこれを不服として審査請
求をした。

　　審判所は、上記の調停案は納税者が提案したものにすぎず、他の相続人らは一貫して金銭による分割を要求していたことからも係る調停案に合意していたとは認められないとした。そして、最終調停期日に作成された調停調書によれば、納税者は、被相続人の遺産のすべてを単独取得し、その代償として他の相続人らに対し、6,000万円の支払義務があることを認める旨の調停が成立したことが認められるのであるから、納税者の本件遺産分割が換価分割であるとの主張は採用できず、代償分割によるものであるとして、譲渡所得の金額の計算上、本件代償金6,000万円を取得費の額に算入しなかった原処分は相当であるとして、納税者の主張を退けた。

❸ 取得した者（代償取得者）の課税関係

● 代償分割により取得した資産の取得費

　　代償分割により債務を負担した者から当該債務の履行として取得した資産は、その履行があった時においてその時の価額により取得したこととなります（所基通38-7（2））。

2 取得費加算

① 取得費加算の原則

❶ 特例の概要

　相続又は遺贈により取得した土地、建物、株式などの財産を、一定期間内に譲渡した場合に、相続税額のうち一定金額を譲渡資産の取得費に加算することができます（措法39）。

　この特例を受けるためには確定申告をすることが必要です。その際、ⅰ）相続財産の取得費に加算される相続税の計算明細書、ⅱ）譲渡所得の内訳書（確定申告書付表兼計算明細書【土地・建物用】）などの添付が必要です。

❷ 特例を受けるための要件

ア　相続や遺贈により財産を取得した者であること。

イ　その財産を取得した人に相続税が課税されていること。

ウ　その財産を、相続開始のあった日の翌日から相続税の申告期限の翌日以後3年を経過する日までに譲渡していること。

❸ 取得費に加算する相続税額

　取得費に加算する相続税額は、次の算式で計算した金額となります（措令25の16）。

　ただし、その金額がこの特例を適用しないで計算した譲渡益（土地、建物、株式などを売った金額から取得費、譲渡費用を差し引いて計算しま

す）の金額を超える場合は、その譲渡益相当額となります。これは、譲渡
した財産ごとに計算することになります。

〈算式〉

$$\text{その者の相続税額}\times\frac{\substack{\text{その者の相続税の課税価格の}\\\text{計算の基礎とされたその}\\\text{譲渡した財産の価額}}}{\substack{\text{その者の相続税の課税価格}\\\text{（債務控除前）}}}=\substack{\text{取得費に加算}\\\text{する相続税額}}$$

　この算式の適用において、分子の金額である譲渡した財産の価額が問題
となった最近の公表裁決例があります（令元.7.5 東裁（所）令元-9・裁事
116）。相続発生後に同族会社に貸していた建物を譲渡したものですが、こ
れにより、納税者は同族会社に借地権を設定させたことになり、同族会社
に借地権を譲渡したこととなったものです（所令79①）。この借地権の譲
渡において、納税者は、分子は「土地の相続税評価額×借地権割合」とな
るので、土地の相続税評価額である貸家建付地評価額を上回ることから、
実際の分子の価額は、その土地に掛かる相続税評価額の全額となる主張を
しました。

　審判所は、「『譲渡をした資産の当該課税価格の計算の基礎に算入された
価額』として本件各借地権が本件各土地のうちに占める価額は、本件各土
地が相続税の課税価格の計算の基礎に算入された価額すなわち貸家建付地
評価額に本件各借地権の占める割合である○○％を乗じた価額とするのが
相当である。」とし、「譲渡をした資産の当該課税価格の計算の基礎に算入
された価額」として各借地権が各土地の相続税の課税価格のうちに占める
価額とは、各土地が相続税の課税価格の計算の基礎に算入された価額すな
わち貸家建付地評価額に本件割合を乗じた価額となるとしました。

　さらに、この計算では、必ずしも各借地権の占める割合＝路線価図上の
借地権割合ではないことにも留意する必要があります。

2 概算取得費と措置法 39 条の相続税額の取得費加算

　個人が相続により取得した土地等の譲渡所得の申告で、概算取得費（譲渡収入金額の 5 ％。措法 31 の 4 ①、措通 31 の 4-1）と 3 年以内に相続財産を譲渡した場合の取得費加算との特例を重複して適用できるかどうかという疑問があります。

　これについては、措置法令 25 条の 16 第 1 項に「・・・資産の譲渡所得に係る収入金額から同項（措法 39 条 1 項）の規定の適用がないものとした場合の当該資産の取得費及びその資産の譲渡に要した費用の額の合計額を控除した残額に相当する金額を超える場合に・・・」とあることから、本来の実額の取得費又は概算取得費とは別に、相続税額の一定額を取得費として加算することが可能と考えられます。

3 特殊な場合の譲渡した相続財産の相続税評価額

　取得費に加算する相続税額の計算における特殊な場合の譲渡した相続財産の相続税評価額（上記 1 ❸ の算式分子の金額）は次のようになります（措通 39-6）。

① 　交換差金等がある交換について所得税法 58 条の規定の適用を受ける場合

$$\begin{bmatrix} 譲渡した相続財産 \\ の相続税評価額 \end{bmatrix} \times \frac{取得した交換差金等の額}{取得した交換差金等の額＋交換取得資産の価額}$$

② 　収用等による資産の譲渡又は特定資産の譲渡について租税特別措置法 33 条、36 条の 2、36 条の 5 又は 37 条の 5 の規定の適用を受ける場合

$$\begin{bmatrix} 譲渡した相続財産 \\ の相続税評価額 \end{bmatrix} \times \frac{譲渡した相続財産の譲渡による収入金額 － 代替資産又は買換資産の取得価額}{譲渡した相続財産の譲渡による収入金額}$$

③　交換処分等による譲渡について租税特別措置法 33 条の 2 第 1 項の規
定の適用を受ける場合

$$
\begin{bmatrix} 譲渡した相続財産 \\ の相続税評価額 \end{bmatrix} \times \frac{取得した補償金等の額}{取得した補償金等の額＋交換取得資産の価額}
$$

④　特定資産の譲渡について租税特別措置法 37 条又は 37 条の 4 の規定の
適用を受ける場合

$$
\begin{bmatrix} 譲渡した相続財産 \\ の相続税評価額 \end{bmatrix} \times \frac{特例適用後の譲渡した相続財産の収入金額}{譲渡した相続財産の譲渡による収入金額}
$$

⑤　被相続人居住用家屋又はその敷地等の譲渡につき租税特別措置法 35
条 3 項の規定の適用を受ける場合

$$
\begin{bmatrix} 譲渡した相続財産 \\ の相続税評価額 \end{bmatrix} \times \frac{譲渡した相続財産のうち同項の規定の適用対象とならない部分に対応する収入金額}{譲渡した相続財産の譲渡による収入金額}
$$

4 代償金を支払って取得した相続財産を譲渡した場合

　相続財産を譲渡した者が、遺産分割において代償金を支払っていた場合
は、取得費に加算する相続税額は、上記 1 ❸ の算式に代えて、次の算式
により計算した金額となります（措通 39-7）。

〈算式〉

$$
確定相続税額 \times \frac{譲渡した資産の相続税評価額（B）－支払代償金（C）\times \dfrac{B}{A+C}}{その者の相続税の課税価格（債務控除前）（A）}
$$

（注 1）　「確定相続税額」とは、措置法令 25 条の 16 第 1 項 1 号に掲げる相
続税額をいい、同条 2 項に規定する場合にあっては同項の規定による相
続税額をいいます。

(注2) 支払代償金については、相続税法基本通達11の2-10《代償財産の価額》に定める金額によります。

この算式（措通39-7）について、公表裁決事例に「代償金を支払って取得した相続土地を譲渡した場合の取得費の額に加算する相続税額の計算に当たり、当該代償金の額を圧縮した原処分は相当であるとした事例（棄却）」（平9.1.21 関裁（所）平8-48・裁事53-275）があります。

この裁決に係る判断には、「この代償分割は、遺産の全部又は一部を現物で共同相続人の中の一人又は一部の者に取得させ、その代わりに、取得者に対して他の相続人に代償金を支払うべき債務を負担させる遺産分割の一方法である。そうすると、審査請求人が他の相続人らに対して支払った代償金は、請求人が相続により取得したすべての財産のうち、本件遺産分割協議書により確定した請求人の持分を超える部分、すなわち、他の相続人らの持分相当額として支払われたものとみるのが相当であり、言い換えれば、請求人が相続により取得したすべての個々の財産にその持分相当額が及ぶことになると解するのが相当である。」とあります。

❶ 遺産分割協議で代償金の対象となる財産が譲渡する財産以外の財産と紐付けされている場合

たとえば、名義書換の便宜上、相続人AにはA銀行の預金、相続人BにはB銀行の預金としたときに、それでは不公平なので代償金で調整するとか、相続人Aは株取引をやるので、有価証券を全部引き継ぐことにして、その代わりに代償金を払うとかしたときに、それ以外に、代償金を払った相続人が相続した土地があるようなケースを考えてみます。取得した土地は、相続人間では代償金の支払いの対象と考えていなかったとしても、それが明示されていなければ、やはりこの圧縮計算の対象となるとされています。

　たとえば、ⅰ）預金 100、支払代償金 80、土地 500 のケースと、ⅱ）預金 20、土地 500 のケースを比較すると分数部分の値は次のようになります。

　　ⅰ）　$(500 - 80 \times 500 / (520 + 80)) / 520 = 0.83333$

　　ⅱ）　$500 / 520 = 0.96153$

　このようなケースで問題となった事例に、東京地裁平成 15 年 10 月 31 日判決（棄却・確定・Z253-9462）があります。納税者が取得費加算の計算において、当初申告で措置法通達 39-14（現 39-7）を適用していなかったため、修正申告の慫慂をされ、同通達を適用させた修正申告書を提出した事例のため、争点が、「本件修正申告に係る本件指導に違法性があるか（注意義務違反の有無及び態様の違法性の有無）」になっていますが、納税者は代償金の支払いについて、「煩雑な預貯金口座の解約手続等を回避し、迅速に現物分割を実行すべく、暫定的に被相続人の預貯金口座を原告名義に変更したうえで、各相続人に配分する趣旨であり、代償分割を行ったものではない。」と主張しましたが、認められませんでした。

　ただし、これらは、遺産分割協議書に、譲渡資産が代償金と紐付けられていないと、明確に記載されているものではありませんでした。ところが、「非上場株式等についての贈与税・相続税の納税猶予及び免除の特例措置等に関する質疑応答事例について（情報）」（資産課税課情報第 14 号、令 2.7.7）の「（問 4-7）代償分割があった場合」では次のような設問と（答）があります。

　（問）　子Aは、被相続人の全財産である土地（相続税評価額：2,000 万円）とX株式会社の株式（相続税評価額：1 億 2,000 万円）を相続し、X株式会社の株式について「相続税の納税猶予の特例措置」の適用を受けることとしている。

　　ところで、子Aは、もう一人の相続人である子Bに対し代償財産

として 7,000 万円を現金で支払っているが、この場合の相続税の課税価格の計算において、代償財産として支払った 7,000 万円はいずれの財産の価額から控除すればよいか。

（注）　各財産の代償分割の時における価額は上記の相続税評価額と同額である。

（答）代償財産の価額を代償財産の交付をした者が相続等により取得したそれぞれの相続財産の価額の割合によりあん分し、それぞれの相続財産の価額から当該あん分後の代償財産の価額を控除する方法によることが合理的な計算方法と考えられる。

　　　ただし、代償財産の価額 7,000 万円）を納税猶予の適用を受けない財産（土地の価額 2,000 万円）から優先的に控除し、その残額（5,000 万円）を X 株式会社の株式の価額（1 億 2,000 万円）から控除して差し支えない。

　解説では、問の事例について、「相続税の納税猶予の特例措置」の適用を受ける者が代償財産の交付をした者である場合も同通達によることとなるとしながら、次のように解説しています。

3　しかしながら、「相続税の納税猶予の特例措置」の適用を受ける者が代償財産の交付をした者である場合において、相続等により取得をした財産の中に納税猶予の適用を受ける株式等とそれ以外の財産とがあるときにおけるその適用を受ける者に係る相続税の課税価格の計算方法については、代償財産として交付をした財産の価額を

①　納税猶予の適用を受ける財産の価額から優先的に控除する方法

②　納税猶予の適用を受ける財産以外の財産の価額から優先的に控除する方法

③　交付をした代償財産の価額を代償財産の交付をした者が相続等

　　　により取得をしたそれぞれの財産の価額によりあん分し、それぞ
　　　れの相続財産の価額から当該あん分後の代償財産の価額を控除す
　　　る方法

　　のいずれかが考えられるが、特定の現物財産と代償財産とがひも付
　　きになっておらず、相続財産全体に対して代償分割が行われた場合
　　には、それぞれの相続財産に対し代償財産の価額が均等に混入して
　　いると 考えられることから、③の方法によることが合理的である
　　と考えられる。
　4　ただし、納税猶予の適用を受ける株式等とそれ以外の財産とがあ
　　る場合の代償財産の価額の控除方法について法令において定められ
　　ていない以上、必ずしも③の方法でなければならないわけではな
　　く、また、納税猶予税額の計算上、納税猶予の適用を受ける財産の
　　価額が大きい方が猶予前の税額に対する猶予税額の割合が高くな
　　り、申告期限までに納付すべき税額が少なくなることからすれば、
　　納税猶予の適用を受ける株式等以外の財産の価額から優先的に代償
　　財産の価額を控除して申告がなされてきたとしても、これを認めて
　　差し支えない。

　　相続税額の取得費加算額の計算において、特定の現物財産と代償財産と
が紐付きになっておらず、相続財産全体に対して代償分割が行われた場合
には、それぞれの相続財産に対し代償財産の価額が均等に混入していると
考えられることから、措置法通達 39-7 の算式は合理性を持つこととなり
ます。しかし、代償分割の対象となっていない土地を譲渡した場合には、
同通達の調整計算は必要とせず、措置法令 25 条の 16 で示す算式をそのま
ま適用することが合理的ではないでしょうか。

3 処分に時間がかかる場合の問題

　換価分割の場合、換価に時間がかかる場合に影響が大きいとされています。しかし、代償分割の場合も、取得した相続不動産を処分して、代償金に充てることを想定している場合もあります。遺産分割協議に係る代償債務の不履行を理由に当初の協議を合意解除した場合、更正の請求事由に該当するかどうかが疑問となります。

　これについて、争われた裁判例があります（大阪地判平26.2.20・Z888-1859　棄却（控訴））。

　被相続人の子である納税者ら及びBの間で、Bが被相続人の全財産を相続し、その代償として、Bが相続したゴルフセンターの売却時、又は相続税の納付時のいずれか早い時に、納税者らに各5,000万円を支払う旨（代償債務）の遺産分割協議（平成6年協議）を成立させた。これに従い納税者らとBは相続税の申告をし、納税者らはそれぞれ1,815万4,500円の相続税を納付した。

　ゴルフセンターは平成16年に予想の約半値でしか売れず、Bは代償債務を履行しなかった。納税者らは代償債務が履行されず、さらにはBの相続税に係る連帯納付義務の履行を求められていたため、Bとの間で平成6年協議を解除し、代償財産を取得しない協議（平成22年協議）を成立させた。納税者らは、代償財産を取得しないことになったとし、更正の請求をしたが、原処分庁は更正をすべき理由がないとしたため争いとなった。

　判決では、共同相続人間で遺産分割協議が成立した場合、相続人の

１人が当該協議で負担した債務を履行しなくても、他の相続人は民法
541 条によって当該協議を解除できないと解されること（法定解
除）、合意解除とするためのやむを得ない事情に該当しないことか
ら、通則法 23 条 2 項 3 号に該当しないとし、また、相続税法 32
条 1 項 1 号（未分割遺産についての特例）にも該当しないとして、
納税者らの主張を斥けた。

　このように、代償債務の不履行を理由に当初の協議を合意解除として
も、それは相続税額を減額する理由となるやむを得ない事情に該当しない
ので注意が必要です。

VI

居住用不動産と空き家相続

1 小規模宅地等と 特定居住用宅地等

1 特定居住用宅地等

　被相続人が所有していた宅地等のうち、その生活の資となる一定のものについては、相続税の課税価格に算入すべき価額を減額する特例が設けられていますが、そのうち居住の用に供されるものを、特定居住用宅地等といいます（措法69の4）。

　特定居住用宅地等は、相続開始の直前において被相続人等の居住の用に供されていた宅地等で、次の表の区分に応じ、それぞれに掲げる要件に該当する被相続人の親族が相続又は遺贈により取得したものをいい、それぞれに掲げる要件に該当する部分で、それぞれの要件に該当する被相続人の親族が相続又は遺贈により取得した持分の割合に応ずる部分に限ります。なお、その宅地等が2以上ある場合には、主としてその居住の用に供していた一の宅地等に限ります。

特定居住用宅地等の要件

区分	取得者	取得者等ごとの要件
① 被相続人の居住の用に供されていた宅地等※1	① 被相続人の配偶者	「取得者ごとの要件」なし
	② 被相続人の居住の用に供されていた一棟の建物に居住していた親族※2	相続開始の直前から相続税の申告期限まで引き続きその建物に居住し、かつ、その宅地等を相続開始時から相続税の申告期限まで有していること。
	③ 上記①及び②以外の親族（家なき子特例）	次の(1)から(6)の要件を全て満たすこと。 (1) 居住制限納税義務者又は非居住制限納税義務者※3 のうち日本国籍を有しない者ではないこと。 (2) 被相続人に配偶者がいないこと。 (3) 相続開始の直前において被相続人の居住の用に供されていた家屋に居住していた被相続人の相続人（相続の放棄があった場合には、その放棄がなかったものとした場合の相続人）がいないこと。 (4) 相続開始前3年以内に日本国内にある取得者、取得者の配偶者、取得者の三親等内の親族又は取得者と特別の関係がある一定の法人※4 が所有する家屋（相続開始の直前において被相続人の居住の用に供されていた家屋を除きます）に居住したことがないこと。 (5) 相続開始時に、取得者が居住している家屋を相続開始前のいずれの時においても所有していたことがないこと。 (6) その宅地等を相続開始時から相続税の申告期限まで有していること。

区分	取得者	取得者等ごとの要件
②被相続人と生計を一にしていた被相続人の親族の居住の用に供されていた宅地等	①　被相続人の配偶者	「取得者ごとの要件」なし
	②　被相続人と生計を一にしていた親族	相続開始前から相続税の申告期限まで引き続きその家屋に居住し、かつ、その宅地等を相続税の申告期限まで有していること。

※1　「被相続人の居住の用に供されていた宅地等」が、被相続人の居住の用に供されていた一棟の建物（「建物の区分所有等に関する法律第1条の規定に該当する建物」*を除きます）の敷地の用に供されていたものである場合には、その敷地の用に供されていた宅地等のうち被相続人の親族の居住の用に供されていた部分（上記表の区分②に該当する部分を除きます）を含みます。

※2　「被相続人の居住の用に供されていた一棟の建物に居住していた親族」とは、次の(1)又は(2)のいずれに該当するかに応じ、それぞれの部分に居住していた親族のことをいいます。

(1)　被相続人の居住の用に供されていた一棟の建物が、「建物の区分所有等に関する法律第1条の規定に該当する建物」*である場合
被相続人の居住の用に供されていた部分

(2)　(1)以外の建物である場合
被相続人又は被相続人の親族の居住の用に供されていた部分

＊　「建物の区分所有等に関する法律第1条の規定に該当する建物」とは、区分所有建物である旨の登記がされている建物をいいます。

※3　居住制限納税義務者、非居住制限納税義務者：次の表を参照

被相続人 ＼ 相続人		国内に住所あり	国内に住所なし		
		一時居住者*1	日本国籍あり		日本国籍なし
			10年以内に住所あり	10年以内に住所なし	
国内に住所あり		国内財産のみ課税（居住制限納税義務者）		国内財産のみ課税（非居住制限納税義務者）	
	外国人被相続人*2	国内財産のみ課税（居住制限納税義務者）		国内財産のみ課税（非居住制限納税義務者）	
国内に住所なし	日本国籍あり　10年以内に住所あり	国内・国外財産ともに課税（無制限納税義務者）			
	日本国籍あり　10年以内に住所なし	国内財産のみ課税（居住制限納税義務者）		国内財産のみ課税（非居住制限納税義務者）	
	日本国籍なし	国内財産のみ課税（居住制限納税義務者）		国内財産のみ課税（非居住制限納税義務者）	

＊1　相続開始の時において在留資格を有する者で、相続開始前15年以内において国内に住所を有していた期間の合計が10年以下であるもの

＊2　相続開始の時において在留資格を有し、かつ、国内に住所を有していた被相続人

（出典）財務省 令和3年度税制改正の解説 761頁の表に加筆

※4　「特別の関係がある一定の法人」とは、次の⑴から⑷に掲げる法人をいいます。

⑴　取得者及び租税特別措置法施行令40条の2第15項1号イからヘまでに掲げる者（以下「取得者等」といいます）が法人の発行済株式又は出資（その法人が有する自己の株式又は出資を除きます）の総数又は総額（⑵及び⑶において「発行済株式総数等」といいます）の10分の5を超える数又は金額の株式又は出資を有する場合におけるその法人

⑵　取得者等及び⑴に掲げる法人が他の法人の発行済株式総数等の10分の5を超える数又は金額の株式又は出資を有する場合におけるその他の法人

⑶　取得者等並びに⑴及び⑵に掲げる法人が他の法人の発行済株式総数等の10分の5を超える数又は金額の株式又は出資を有する場合におけるその他の法人

⑷　取得者等が理事、監事、評議員その他これらの者に準ずるものとなっている持分の定めのない法人

2 節税に使われた家なき子特例の厳格化

　持ち家を持たない相続人に係る特定居住用宅地等の特例は、「家なき子特例」と呼ばれています。「家なき子特例」の元々の適用要件は、被相続人に配偶者や同居親族である相続人がおらず、相続開始前の3年間、本人あるいはその配偶者が所有する家屋に住んだことがないというものでした。

　そこで、地価の高いようなところに居住用宅地等を持っている1人暮らしの親がいる者が、自分でも持ち家に住んでいる場合に、自宅建物を子供に贈与し、又は資産管理法人に譲渡してその家に住み続け、3年間経過により家なき子の要件を満たすようにするといった節税策が行われていたため、政府税制調査会などで、制度趣旨から逸脱した行為であると指摘されていました（税制調査会（第14回総会）平29.11.1　神津信一特別委員発言等）。

　これらを受けて、平成30年度税制改正により、家なき子の対象者の範囲から次に掲げる者が除外されています。

① 　相続開始前3年以内に日本国内にある取得者、取得者の配偶者、取得者の三親等内の親族又は取得者と特別の関係がある一定の法人が所有する家屋に居住したことがある者（措法69の4③二ロ⑴）

② 　相続開始時において居住の用に供していた家屋を過去に所有していたことがある者（同⑵）

　この②の要件については、期間制限がないことも要注意です。

　この改正に関し、所得税法等の一部を改正する法律（平成30年法律第7号）附則により、平成30年3月31日に相続又は遺贈があったものとした場合に改正前の租税特別措置法69条の4第3項2号ロの要件（「旧法要件」※といいます）を満たす特例対象宅地等に該当することとなる宅地等

（以下「経過措置対象宅地等」といいます）がある場合について、以下の特例が適用されます。

①　平成30年4月1日から令和2年3月31日までの間に相続又は遺贈により取得した宅地等のうちに、経過措置対象宅地等がある場合には、その経過措置対象宅地等については、186頁の表の1③の要件又は旧法要件のいずれかを満たせばいいことになります。

※　旧法要件とは次のア及びイの両方の要件をいいます。
　　ア　186頁の表の1③(1)から(3)まで及び(6)の要件
　　イ　相続開始前3年以内に日本国内にある取得者又は取得者の配偶者が所有する家屋（相続開始の直前において被相続人の居住の用に供されていた家屋を除きます）に居住したことがないこと

②　令和2年4月1日以後に相続又は遺贈により経過措置対象宅地等を取得した場合において、同年3月31日においてその経過措置対象宅地等の上に存する建物の新築又は増築等の工事が行われており、かつ、その工事の完了前に相続又は遺贈があったときは、その相続税の申告期限までにその建物を自己の居住の用に供したときに限り、その経過措置対象宅地等については186頁の表の1の被相続人の居住の用に供されていた宅地等と、その取得者は、同表の1②の要件を満たす者とみなすこととされます。

3 老人ホーム等に入居等していた場合

　「被相続人の居住の用」には、被相続人の居住の用に供されていた宅地等が、養護老人ホームへの入所など被相続人が居住の用に供することができない一定の事由（次の①又は②の事由に限ります）により相続開始の直前において被相続人の居住の用に供されていなかった場合（被相続人の居住の用に供されなくなった後に、事業の用又は新たに被相続人等以外の人の居住の用に供された場合を除きます）におけるその事由により居住の用

に供されなくなる直前の被相続人の居住の用を含みます（措令40の2②）。

① 　介護保険法19条1項に規定する要介護認定若しくは同条第2項に規定する要支援認定を受けていた被相続人又は介護保険法施行規則140条の62の4第2号に該当していた被相続人が次に掲げる住居又は施設に入居又は入所をしていたこと。

　　ア 　老人福祉法5条の2第6項に規定する認知症対応型老人共同生活援助事業が行われる住居、同法20条の4に規定する養護老人ホーム、同法20条の5に規定する特別養護老人ホーム、同法20条の6に規定する軽費老人ホーム又は同法29条1項に規定する有料老人ホーム

　　イ 　介護保険法8条28項に規定する介護老人保健施設又は同条29項に規定する介護医療院

　　ウ 　高齢者の居住の安定確保に関する法律5条1項に規定するサービス付き高齢者向け住宅（アの有料老人ホームを除きます）

② 　障害者の日常生活及び社会生活を総合的に支援するための法律21条1項に規定する障害支援区分の認定を受けていた被相続人が同法5条11項に規定する障害者支援施設（同条10項に規定する施設入所支援が行われるものに限ります）又は同条17項に規定する共同生活援助を行う住居に入所又は入居をしていたこと。

（注）　被相続人が、上記①の要介護認定若しくは要支援認定又は上記②の障害支援区分の認定を受けていたかどうかは、その被相続人が、その被相続人の相続の開始の直前において、その認定を受けていたかにより判定します（措通69の4-7の3）。

2 空き家特例の問題点

1 空き家特例の概要

　相続又は遺贈により取得した被相続人居住用家屋又は被相続人居住用家屋の敷地等を、平成28年4月1日から令和5年12月31日までの間に譲渡し、一定の要件に当てはまるときは、譲渡所得の金額から最高3,000万円まで控除することができます（措法35③）。これを、被相続人の居住用財産（空き家）に係る譲渡所得の特別控除の特例といいます。

2 特例の対象となる「被相続人居住用家屋」及び「被相続人居住用家屋の敷地等」

❶ 特例の対象となる「被相続人居住用家屋」

　相続の開始の直前において被相続人の居住の用に供されていた家屋で、次の3つの要件全てに当てはまるもの（主として被相続人の居住の用に供されていた一の建築物に限ります）をいいます（措法35④）。

ア　昭和56年5月31日以前に建築されたこと。

イ　区分所有建物登記がされている建物でないこと。

ウ　相続の開始の直前において被相続人以外に居住をしていた人がいなかったこと。

　なお、要介護認定等を受けて老人ホーム等に入所するなど、特定の事由により相続の開始の直前において被相続人の居住の用に供されていなかった場合で、一定の要件を満たすときは、その居住の用に供されなくなる直前ま

で被相続人の居住の用に供されていた家屋（以下「従前居住用家屋」といいます）は被相続人居住用家屋に該当します（同項カッコ書き、措令23⑥）。

❷ 特例の対象となる「被相続人居住用家屋の敷地等」

相続の開始の直前（従前居住用家屋の敷地の場合は、被相続人の居住の用に供されなくなる直前）において被相続人居住用家屋の敷地の用に供されていた土地又はその土地の上に存する権利をいいます（措法35④）。

なお、相続の開始の直前（従前居住用家屋の敷地の場合は、被相続人の居住の用に供されなくなる直前）においてその土地が用途上不可分の関係にある2以上の建築物（母屋と離れなど）のある一団の土地であった場合には、その土地のうち、その土地の面積にその2以上の建築物の床面積の合計のうちに一の建築物である被相続人居住用家屋（母屋）の床面積の占める割合を乗じて計算した面積に係る土地の部分に限ります（措令23⑨）。

3 特例の適用を受けるための適用要件

特例の適用を受けるための要件は次のようになります（措法35③）。

① 譲渡した人が、相続又は遺贈により被相続人居住用家屋及び被相続人居住用家屋の敷地等を取得したこと。

② 次のア又はイの譲渡をしたこと。

　ア 相続又は遺贈により取得した被相続人居住用家屋を譲渡するか、被相続人居住用家屋とともに被相続人居住用家屋の敷地等を譲渡すること（同項一）。

　（注） 被相続人居住用家屋は次のa及びbの要件に、被相続人居住用家屋の敷地等は次のaの要件に当てはまることが必要です。
　　　a 相続の時から譲渡の時まで事業の用、貸付けの用又は居住の用に供されていたことがないこと。
　　　b 譲渡の時において一定の耐震基準を満たすものであること。

　イ　相続又は遺贈により取得した被相続人居住用家屋の全部の取壊し等をした後に被相続人居住用家屋の敷地等を譲渡すること（同項二）。

（注）　被相続人居住用家屋は次のaの要件に、被相続人居住用家屋の敷地等は次のb及びcの要件に当てはまることが必要です（措法35③二）。

　　a　相続の時から取壊し等の時まで事業の用、貸付けの用又は居住の用に供されていたことがないこと。

　　b　相続の時から譲渡の時まで事業の用、貸付けの用又は居住の用に供されていたことがないこと。

　　c　取壊し等の時から譲渡の時まで建物又は構築物の敷地の用に供されていたことがないこと。

③　相続の開始があった日から3年を経過する日の属する年の12月31日までに譲渡すること。

④　譲渡価額が1億円以下であること。

　この特例の適用を受ける被相続人居住用家屋と一体として利用していた部分を別途分割して譲渡している場合や他の相続人が譲渡している場合における1億円以下であるかどうかの判定は、相続の時からこの特例の適用を受けて被相続人居住用家屋又は被相続人居住用家屋の敷地等を譲渡した日から3年を経過する日の属する年の12月31日までの間に分割して譲渡した部分や他の相続人が譲渡した部分も含めた対価の額により行います（措法35⑤）。

　このため、相続の時から被相続人居住用家屋又は被相続人居住用家屋の敷地等を譲渡した年までの譲渡価額の合計額が1億円以下であることから、この特例の適用を受けていた場合であっても、被相続人居住用家屋又は被相続人居住用家屋の敷地等を譲渡した日から3年を経過する日の属する年の12月31日までにこの特例の適用を受けた被相続人居住用家屋又は被相続人居住用家屋の敷地等の残りの部分を自分や他の相続人が譲渡して譲渡価額の合計額が1億円を超えたときには、その譲渡の日から4か月以内に修正申告書の提出と納税が必要となります（措法35⑥⑧）。

⑤　譲渡した家屋や敷地等について、相続財産を譲渡した場合の取得費の
　　特例や収用等の場合の特別控除など他の特例の適用を受けていないこと。

⑥　同一の被相続人から相続又は遺贈により取得した被相続人居住用家屋
　　又は被相続人居住用家屋の敷地等について、この特例の適用を受けてい
　　ないこと。

⑦　親子や夫婦など特別の関係がある人に対して譲渡したものでないこと。
　　　特別の関係には、このほか生計を一にする親族、家屋を譲渡した後そ
　　の譲渡した家屋で同居する親族、内縁関係にある人、特殊な関係のある
　　法人なども含まれます（措法31の3①、措令20の3①）。

　これらの要件を満たす場合であっても、租税特別措置法39条（取得費
加算）の規定の適用を受けるときは、この特例を受けることはできません。

4　特例の適用を受けるための手続き

　特例の適用を受けるためには、次に掲げる場合の区分に応じて、それぞ
れ次に掲げる書類を添えて確定申告をすることが必要です（措規18の2
①二、②）。

❶ 相続又は遺贈により取得した被相続人居住用家屋を譲渡するか、被相続人居住用家屋とともに被相続人居住用家屋の敷地等を譲渡した場合

ア　譲渡所得の内訳書（確定申告書付表兼計算明細書）〔土地・建物用〕

イ　譲渡した資産の登記事項証明書等で次の3つの事項を明らかにするもの

　a　譲渡した人が被相続人居住用家屋及び被相続人居住用家屋の敷地等
　　を被相続人から相続又は遺贈により取得したこと。

　b　被相続人居住用家屋が昭和56年5月31日以前に建築されたこと。

　c　被相続人居住用家屋が区分所有建物登記がされている建物でないこと。

ウ　譲渡した資産の所在地を管轄する市区町村長から交付を受けた「被相
　続人居住用家屋等確認書」
（注）　ここでいう「被相続人居住用家屋等確認書」とは、市区町村長の次の6
　　つの事項（被相続人居住用家屋が従前居住用家屋以外の場合は、a及びb
　　に掲げる事項）を確認した旨を記載した書類をいいます。
　　　a　相続の開始の直前（従前居住用家屋の場合は、被相続人の居住の用に
　　　　供されなくなる直前）において、被相続人が被相続人居住用家屋を居住
　　　　の用に供しており、かつ、被相続人居住用家屋に被相続人以外に居住を
　　　　していた人がいなかったこと。
　　　b　被相続人居住用家屋又は被相続人居住用家屋及び被相続人居住用家屋
　　　　の敷地等が相続の時から譲渡の時まで事業の用、貸付けの用又は居住の
　　　　用に供されていたことがないこと。
　　　c　被相続人居住用家屋が、被相続人が要介護認定等を受けて老人ホーム
　　　　等に入所するなど、特定の事由により相続の開始の直前において被相続
　　　　人の居住の用に供されていなかったこと。
　　　d　被相続人居住用家屋が被相続人の居住の用に供されなくなった時から
　　　　相続の開始の直前まで引き続き被相続人の物品の保管その他の用に供さ
　　　　れていたこと。
　　　e　被相続人居住用家屋が被相続人の居住の用に供されなくなった時から
　　　　相続の開始の直前まで事業の用、貸付けの用又は被相続人以外の者の居
　　　　住の用に供されていたことがないこと。
　　　f　被相続人が老人ホーム等に入所した時から相続の開始の直前までの間
　　　　において被相続人の居住の用に供する家屋が2以上ある場合には、これ
　　　　らの家屋のうちその老人ホーム等が、被相続人が主として居住の用に供
　　　　していた一の家屋であること。
エ　耐震基準適合証明書又は建設住宅性能評価書の写し
オ　売買契約書の写しなどで譲渡価額が1億円以下であることを明らかに
　するもの

❷ 相続又は遺贈により取得した被相続人居住用家屋の全部の取壊し等をした後に被相続人居住用家屋の敷地等を譲渡した場合

ア　上記❶のア、イ及びオに掲げる書類

イ　譲渡した資産の所在地を管轄する市区町村長から交付を受けた「被相
　続人居住用家屋等確認書」

（注）　ここでいう「被相続人居住用家屋等確認書」とは、市区町村長の次の4
　　　つの事項（被相続人居住用家屋が従前居住用家屋以外の場合は、aからc
　　　に掲げる事項）を確認した旨を記載した書類をいいます。
　　　　a　上記❶のウのaの事項。
　　　　b　被相続人居住用家屋が相続の時から取壊し等の時まで事業の用、貸
　　　　　付けの用又は居住の用に供されていたことがないこと。
　　　　c　被相続人居住用家屋の敷地等が次の2つの要件を満たすこと。
　　　　　i　相続の時から譲渡の時まで事業の用、貸付けの用又は居住の用に
　　　　　　供されていたことがないこと。
　　　　　ii　取壊し等の時から譲渡の時まで建物又は構築物の敷地の用に供さ
　　　　　　れていたことがないこと。
　　　　d　上記❶のウのcからfの事項。

5 老人ホーム等に被相続人が入居等していたため相続開始時にすでに空き家である場合

　被相続人の居住用財産（空き家）に係る譲渡所得の特別控除の特例で
は、相続の開始の直前において被相続人の居住の用に供されていなかった
家屋であっても、次の①から③の要件を満たすときは、その居住の用に供
されなくなる直前まで被相続人の居住の用に供されていた家屋は、被相続
人居住用家屋として特例の対象になります。

①　次に掲げる事由（以下「特定事由」といいます）により、相続の開始
　の直前において被相続人の居住の用に供されていなかった場合であるこ
　と（措法35④、措令23⑥、措通35-9の2）。

　ア　介護保険法19条1項に規定する要介護認定若しくは同条2項に規
　　定する要支援認定を受けていた被相続人又は介護保険法施行規則140
　　条の62の4第2号に該当していた被相続人が次に掲げる住居又は施

　設に入居又は入所をしていたこと。
　　a　老人福祉法 5 条の 2 第 6 項に規定する認知症対応型老人共同生活
　　　援助事業が行われる住居、同法 20 条の 4 に規定する養護老人ホー
　　　ム、同法 20 条の 5 に規定する特別養護老人ホーム、同法 20 条の 6
　　　に規定する軽費老人ホーム又は同法 29 条 1 項に規定する有料老人
　　　ホーム
　　b　介護保険法 8 条 28 項に規定する介護老人保健施設又は同条 29 項
　　　に規定する介護医療院
　　c　高齢者の居住の安定確保に関する法律 5 条 1 項に規定するサービ
　　　ス付き高齢者向け住宅（a の有料老人ホームを除きます）
　イ　障害者の日常生活及び社会生活を総合的に支援するための法律 21
　　条 1 項に規定する障害支援区分の認定を受けていた被相続人が同法 5
　　条 11 項に規定する障害者支援施設（同条 10 項に規定する施設入所支
　　援が行われるものに限ります）又は同条 17 項に規定する共同生活援
　　助を行う住居に入所又は入居をしていたこと。
（注）　被相続人が、上記アの要介護認定若しくは要支援認定又は上記イの障害
　　支援区分の認定を受けていたかどうかは、特定事由により被相続人居住用
　　家屋が被相続人の居住の用に供されなくなる直前において、被相続人がそ
　　の認定を受けていたかにより判定します。

②　次に掲げる要件を満たしていること（措令 23 ⑦）。
ア　特定事由によりその家屋が被相続人の居住の用に供されなくなった時
　　から相続の開始の直前まで、引き続きその家屋がその被相続人の物品の
　　保管その他の用に供されていたこと。
イ　特定事由によりその家屋が被相続人の居住の用に供されなくなった時
　　から相続の開始の直前までその家屋が事業の用、貸付けの用又は被相続
　　人以外の者の居住の用に供されていたことがないこと。
ウ　被相続人が上記①ア又はイの住居又は施設（老人ホーム等）に入所を

した時から相続の開始の直前までの間において、被相続人が主としてその居住の用に供していたと認められる家屋がその老人ホーム等であること。

③　その家屋が次の3つの要件全てに当てはまるもの（特定事由によりその家屋が被相続人の居住の用に供されなくなる直前において、主として被相続人の居住の用に供されていた一の建築物に限ります）であること（措法35④）。

　ア　昭和56年5月31日以前に建築されたこと。
　イ　区分所有建物登記がされている建物でないこと。
　ウ　特定事由により被相続人の居住の用に供されなくなる直前において被相続人以外に居住をしていた人がいなかったこと。

　空き家に係る譲渡所得の特別控除の特例と小規模宅地等の特例では、被相続人の居住の用に供されていた家屋について、被相続人が老人ホーム等に入所した時から相続の開始の直前までの使用状況で取扱いが異なります。

　空き家に係る譲渡所得の特別控除の特例では、老人ホーム等へ入所した後は被相続人による一定の使用がなされるのみで、事業の用、貸付けの用又は被相続人以外の者の居住の用に供されていた場合は適用がありません。

　一方、小規模宅地等の特例では、被相続人の老人ホーム等への入所又は入居の直前に同居していた生計一親族が引き続き居住の用に供していた場合は、被相続人等の居住の用に供されていたものに含むとされています（措令40の2③カッコ書き）。

6　取り壊し費用が多額となる場合

　被相続人の居住用家屋及びその家屋とともに居住用家屋の敷地等を譲渡する場合には、耐震基準を満たすための改築工事が必要となるケースが多いようです。しかし、多額のコストを掛けて工事をしても、購入希望者が古家に価値を認めるかどうかわかりません。そこで、特例を利用するために、相続人は被相続人の居住用家屋を取り壊して譲渡することが現実的です。空き家特例は、前述のように、取得費加算（措法 39）と選択適用ですので、このような費用負担、譲渡価額への影響なども考えながら、取得費加算特例、古家付譲渡による空き家特例、古家取壊後の空き家特例の 3 つを比較検討することとなります。そして、ここでは、地下埋設物があるリスクについて考えます。

　古家を取り壊して譲渡する場合は、この取壊費用を売り手が負担します。地下埋設物があるならば、当然のことながら、売り手がその撤去費用も負担することとなります。もっとも個人に譲渡する場合は、瑕疵担保責任がありますので、古家付で譲渡する場合も、撤去費用を負担しなければならなくなることもあります。

　ところで、地下埋設物があった場合は、その土地の時価は地中埋設物処理費用を控除した金額ではないかという疑問があります。

　たとえば、土壌汚染地も、ある意味、地下埋設物がある土地と考えることができます。平成 16 年 7 月 5 日付資産評価企画官情報第 3 号・資産課税課情報第 13 号「土壌汚染地の評価等の考え方について（情報）」では、土壌汚染地について原価方式で評価するとしています。

土壌汚染地の評価額	=	汚染がないものとした場合の評価額	−	浄化・改善費用に相当する金額	−	使用収益制限による減価に相当する金額	−	心理的要因による減価に相当する金額

　現実に地下埋設物処分費用が発生したのであれば、その費用は土地の評価額から減額できるとして、相続税の更正の請求はできないものでしょうか。下級審の裁判例に、納税者が相続開始後に相続財産である土地を譲渡したときに、買主に対して地中埋設物処理費用を支出したことに関するものがあります（東京地判平 20.8.29・Z258-11014）。ここでは、費用の全額でなく 80％を、土地の評価額から控除することができるとしています。しかし、この事案でも、この裁判例と同一の事案とみられる裁決例（平17.9.16・F0-3-253）でも、この地中埋設物がどのようなものであったかわかりません。もっとも、被相続人の自宅の近接地で土壌汚染地のようなものではないということだけは推測できます。

　一方、平成 23 年 4 月 12 日裁決は、相続により取得した土地の価額について、その土地の地中にごみが埋設されている事情を理由に、その土地の利用価値が著しく低下しているとして、財産評価基本通達の定めによって評価した価額からその 10％相当額を減額した価額で相続税の申告をしたところ、原処分庁が、当該事情は減額の理由とはならないとして、相続税の更正処分及び過少申告加算税の賦課決定処分をしたのに対し、納税者らが、当該事情は減額の理由となるとして、不動産鑑定評価による評価額等に基づいて相続税の更正の請求を行ったところ、原処分庁が、当該事情は減額の理由とはならないとしたものです（平 23.4.12・名裁（諸）平 22 第45 号・F0-3-283）。もっとも、この事案では、その土地が所在している地区にごみが埋設されているということが、周知の事実となっており、路線価にその事情は反映済みであるなどとして、納税者の主張は認められませ

んでした。

　さらに、その瑕疵が潜在的なものである段階では、それは考慮されません。平成16年7月5日付情報でも、「なお、相続税等の財産評価において、土壌汚染地として評価する土地は、「課税時期において、評価対象地の土壌汚染の状況が判明している土地」であり、土壌汚染の可能性があるなどの潜在的な段階では土壌汚染地として評価することはできない。」と明記されています。似たようなものとして、東京国税局課税第一部資産課税課資産評価官の「資産税審理研修資料」（平成17年7月作成）に「産業廃棄物が存する土地の評価」というものがありますが、こちらも「埋もれている可能性があるなどの潜在的な段階では、個別に斟酌することはできない。」としています。

　これらより、地下埋設物の存在が潜在的なものであれば、相続開始時には考慮されない、周知のものであれば相続税評価額に織込済、相続開始時において存在する瑕疵が相続開始後に顕在化したのであれば、更正の請求により評価減が認められると考えていいのでしょうか。

　ここで更なる検討事項として、地下埋設物があったとしても、それが隠れた瑕疵であるといえるかどうかです。たとえば、昔の家は、玉石基礎という手法で建てられていた場合があり、その場合は、基礎となっていた石の処分に多額の費用がかかることになります。もちろんこれは、家屋の構成要素であり、土地や家屋の瑕疵ではありません。しかし、かつて建っていた建物の玉石が撤去されずに、現存の家屋が建っている場合もあります。

　このような場合、相続開始後に建物を取り壊して売ることとしたから、玉石の存在が土地の瑕疵となったわけで、相続開始時に玉石基礎があることは、家屋や土地の瑕疵に当たらないとされ、減額が認められないとされる可能性が高いと考えられます。

3 後継ぎ遺贈と負担付遺産分割

1 民法による後継ぎ遺贈を行った場合の問題点

　居住用家屋については、もっとも基本的な生計の資となる資産であるため、配偶者の生きている間は配偶者に使わせたい、しかしその後は、他のものに引き継がせたいというニーズがあります。配偶者居住権を遺言により設定するというのも、このようなニーズに沿った方法の一つです。

　その他にも、後継ぎ遺贈や負担付遺産分割などの方法により、このようなニーズに応えることができます。

　後継ぎ遺贈について、かつて、自分の死後は第一次取得者にその財産を引き継がせ、第一次取得者の死後には第二次取得者に財産を引き継がせるような指定を遺言書でしたことに対し、その遺言の有効性について、争いとなった裁判例があります（最判昭 58.3.18）。

　最高裁では、このような指定について次のような解釈が考えられるため、その趣旨を明らかにすべきであるとしました。

① 遺贈の目的の一部である当該不動産の所有権を移転すべき債務を第一次取得者に負担させた負担付遺贈

② 第一次取得者死亡時に当該不動産の所有権が第一次取得者に存するときには、その時点において当該不動産の所有権が第二次所得者に移転するとの趣旨の遺贈

③ 第一次取得者は遺贈された当該不動産の処分を禁止され、実質上は当該不動産に対する使用収益権を付与されたにすぎず、第二次取得者に対する第一次取得者の死亡を不確定期限とする遺贈

　後継ぎ遺贈による方法では、このようにその解釈により関係者の権利関係が異なることになり、法的安定性を損なう可能性があります。

2 受益者連続型信託の利用

　受益者の死亡により他の者が新たに受益権を取得する旨の定めのある信託（信託法 91）又は受益者指定権等を有する者のある信託（同法 89）の利用により、後継ぎ遺贈と同様な効果を得ることができます。これを、後継ぎ遺贈型の受益者連続信託といいます。

　受益者連続型信託は、受益者の死亡により、その受益者の有する受益権が消滅し、他の者が新たな受益権を取得する旨の定め（受益者の死亡により順次他の者が受益権を取得する旨の定めを含みます）のある信託と定義されています（同法 91）。このような信託は、信託がされた時から 30 年経過時以後に現に存する受益者がその定めにより受益権を取得した場合には、次のいずれかの時点で終了します。

① 　その受益者が死亡するまで
② 　その受益権が消滅するまで

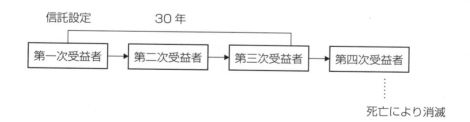

3 受益者連続型信託の課税上の取扱い

　受益者連続型信託は、相続税法で次のように定義されています（相法 9

の3①、相令1の8）。

① 受益者の死亡により、他の者が新たに受益権を取得する定めのある信託（信託法91）

② 受益者指定権等を有する者の定めのある信託（信託法89①）

③ 受益者等の死亡その他の事由により、受益者等の有する信託に関する権利が消滅し、他の者が新たな信託に関する権利を取得する旨の定め（受益者等の死亡その他の事由により順次他の者が信託に関する権利を取得する旨の定めを含みます）のある信託

④ 受益者等の死亡その他の事由により、その受益者等の有する信託に関する権利が他の者に移転する旨の定め（受益者等の死亡その他の事由により順次他の者に信託に関する権利が移転する旨の定めを含みます）のある信託

⑤ 上記①〜④の信託に類する信託

　受益者連続型信託に関する権利の課税関係は、通常の受益者等課税信託と変わりありません（相法9の3）。信託を使わない、通常の相続財産と同じ課税にする必要があるとの考え方により、その後の消滅リスクを加味しない価額で課税する方法が採られています。したがって、期限付きの受益権であっても、期間の制限は付されていないものとして取り扱われます。

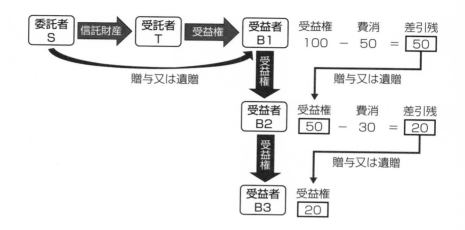

4 負担付遺産分割

　負担付遺産分割では、たとえば、自宅を子が相続する代わりに、母（被相続人の配偶者）に自宅に住む権利を認め、子は母を扶養するということを約束するある種の代償分割です。しかし、このような取り決めでは、負担の履行について、何ら担保がされていません。最高裁は、共同相続人間において遺産分割協議が成立した場合に、相続人の１人が、右協議において負担した債務を履行しないときであっても、その債権を有する相続人は、民法541条の規定（契約の解除に関する規定）によって、右遺産分割協議を解除することができない、と判示しています（最判平1.2.9）。また、相続税の申告においても、このような負担は金銭で評価できず、子は負担がないものとしたところで、相続税の課税価額が計算されます。

　上記のような理由で、負担付遺産分割は使い勝手のいい制度とはいえません。

⑤ 配偶者居住権との関係

　遺留分の制約や均分相続の要請等により、自宅の全部又は一部を、子供など妻以外の相続人に承継させざるを得ない場合に対応したものが、配偶者居住権ともいえます。

　配偶者居住権とは、配偶者が相続開始時に居住していた被相続人所有の建物を対象として、終身又は一定期間、配偶者に建物の使用を認めることを内容とする法定の権利をいいます（Ⅲ参照）。配偶者は、①遺産分割又は②遺言によってこの配偶者居住権を取得することができます。これにより、配偶者は自宅を相続しなくても、住居の心配をすることなく、より多くの財産を取得することができるようになります。この課税関係は明確になっています。

　後継ぎ遺贈型の受益者連続信託、負担付遺産分割、配偶者居住権、このいずれもが、配偶者の生活の保障という目的に使われるものですが、課税関係はそれぞれ異なることに注意が必要です。

VII

信託と賃貸不動産

1 損失の問題

　賃貸不動産について、信託を利用して、所有権と受益権を分離し、管理をしやすくしようという動きがあります。しかし、組合契約における損失規制が入ったタイミングで、同様なことが可能な個人の信託契約についても、不動産所得に係る損益通算等の特例が導入されました。

　これにより、特定組合員又は特定受益者に該当する個人が、組合事業又は信託から生ずる不動産所得を有する場合、その年分の不動産所得の金額の計算上その組合事業又は信託による不動産所得の損失の金額があるときは、その損失の金額に相当する金額は、その年中の不動産所得に係る総収入金額から必要経費を控除した金額を不動産所得の金額とする規定（所法26②）、損益通算の規定（所法69①）その他の所得税に関する法令の規定の適用については生じなかったものとみなされ、同一年中にその損失の金額の他に別の組合事業若しくは信託による不動産所得の黒字の金額又は組合事業若しくは信託以外の一般の不動産所得の黒字の金額があったとしても当該損失の金額はこれら黒字の不動産所得の金額と通算することができず、また、給与所得等の他の所得との損益通算もすることができないこととされました（措法41の4の2①）。

　つまり、信託利用の場合は、次の3点に注意する必要があります。

① 　信託財産とした不動産から生じた損失は、信託財産以外からの所得と損益通算することができないこと。

② 　「損失については生じなかったもの」となるため、当該損失を翌年以降に繰り越すことができないこと。

③ 　複数物件があるため、信託契約が複数になっている場合には、異なる

信託契約の信託不動産との損益通算はできないこと（措法41の4の2
②二）。

2 信託のステージごとの税務

1 信託による所有権と受益権の分離

　財産を保有するのは、その財産から生ずる利益を受けることが目的であるとすると、利益を受けることができるのであれば、財産の保有は必ずしも要しないこととなります。この利益を受ける権利を取り出す方法として、信託の利用が考えられます。

　信託の登場人物は、委託者、受託者、受益者の３人です。委託者は、元々の財産の所有者であり、保有財産（信託財産）を受託者に託し、その管理・運用の指示をします。受託者は、信託財産の対外的な所有者となり、その管理・処分をし、発生した利益を受益者に引き渡します。受益者は、受託者を監視・監督し、信託財産から発生する利益を受けます。

　そして、信託する財産の保有者は、委託者と受益者を同一に設定すれば、その管理・運用を受託者に託し、発生する利益のみを受けることができることとなります。このような信託を自益信託といいます。

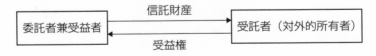

2 受益者等課税信託（自益信託）の課税関係

❶ 所得税及び法人税

　上記のような基本的な構造の信託では、信託財産の所有権自体は受託者

に移動しているにもかかわらず、信託財産に属する資産及び負債は受益者等※が有するものとみなし、信託財産に帰せられる収益及び費用は受益者等の収益及び費用とみなします（所法13①、法法12①）。したがって、自益信託では、信託の設定時には、課税関係は発生しません。信託期間中は、発生した収益及び費用が受益者に帰属するため、受益者に所得税又は法人税が課されます。信託終了時に残余財産を受ける者（残余財産受益者等）が受益者と同一の場合、信託の終了時においても、課税関係は発生しません。

※　受益者等とは、受益者としての権利を現に有する者、及び、信託の変更をする権限を現に有し、かつ、その信託の信託財産の給付を受けることとされている者をいいます（所法13①②）。

❷ 消費税

　消費税についても、信託の受益者が信託財産である資産を有するものとみなし、かつ、信託財産に係る資産等取引（資産の譲渡等、課税仕入れ及び課税貨物の保税地域からの引取りをいいます）はその受益者の資産等取引とみなします（消法14①）。また、信託行為に基づき、その信託の委託者から受託者へ信託する資産の移転、及び、信託の終了に伴う、その信託の受託者から受益者又は委託者への残余財産の給付としての移転は資産の譲渡等には該当しないとされているため（消基通4-2-1）、信託設定時や信託終了時においても、課税関係は発生しません。

　したがって、このような信託においては、財産を元々の所有者が直接保有している場合と、基本的な課税関係は変わらないこととなります。

❸ 受託者を個人とする場合

　一般に財産の所有者に代わってその財産の管理をする者が個人である場合、管理をする者の所得は給与所得又は事業所得となりますが、その財産

が信託され、その者が受託者となった場合、受託者の所得区分は事業所得となります。したがって、信託設定により管理者の所得区分が変わる場合は、その対応が必要です。

　なお、信託業を営む場合は内閣総理大臣の免許や登録を必要としますが（信託業法3、7①）、家族内で組むようなファミリー信託の場合、信託の引受けを行う営業（同法2①）には該当しないとされています。

❹ 信託財産が不動産である場合

ア　登録免許税

　信託財産が不動産である場合、まず、登録免許税の問題が発生します。信託の設定の場合には、同時に2つの登記が必要です（不登法98①）。

　a　信託に係る権利の保存・設定・移転・変更登記の申請

　　いわゆる所有権移転登記です。委託者から受託者への不動産の移転については、形式的な所有権移転と考えられるため、登録免許税は課されません（登免法7①一）。また、信託終了時における受託者から受益者への信託財産の移転についても登録免許税は課されません（登免法7①二）。

　b　信託の登記申請

　　信託の公示のための登記（信託自体の登記）です。所有権の信託の登記の税額は不動産価額の4／1000です（登免法別表第1一（十）イ）。また、受益者を変更する際には、1件1,000円の登録免許税が必要です。

　　なお、土地に関する信託登記については、令和5年3月末まで、登録免許税が3.0／1000に軽減されています。

　　実体不動産の所有権移転登記の税額の5分の1程度に税額が軽減されています。

イ　不動産取得税

　不動産取得税についても、形式的な所有権移転では不動産取得税は課されません。したがって、委託者から受託者への不動産の移転についても、信託終了時における受託者から受益者への信託財産である不動産の移転についても、不動産取得税は課されません（地法73の7三、四）。

ウ　小規模宅地等の特例の適用

　受益者に相続が発生した場合に、信託財産の中に土地等が含まれているときの小規模宅地等の特例（措法69の4）の適用はどのようになるかという疑問があります。つまり、相続により取得するものが、土地でなく信託受益権であること、信託財産が供されている事業は受益者の事業なのか、受託者の事業なのかということです。

　これについては、相続税法においても受益権を信託財産とみなして考えることから、特例対象宅地等には、個人が相続又は遺贈により取得した信託に関する権利で、その信託の目的となっている信託財産に属する宅地等が、相続の開始の直前において被相続人又は被相続人と生計を一にしていたその被相続人の親族の事業の用又は居住の用に供されていた宅地等であるものが含まれるとされています（相法9の2⑥、措令40の2㉗、措通69の4-2）。

③　受益者等課税信託（他益信託）の課税関係

　信託契約に係る委託者と受益者が異なる場合、委託者の財産は受託者に譲渡されるとともに、受益権は受託者から受益者に移ることとなります。

　一方、税法においては、信託財産に属する資産及び負債は受益者等が有するものとみなされることから、信託設定時により金銭以外の資産を信託した委託者は、下記**4**の贈与とされる場合を除き（相法9の2、所法59）、その資産の譲渡損益を計上することとなります。

　信託期間中は、他益信託の場合であっても信託の受益者がその信託の信託財産に属する資産及び負債を有するものとみなされ、かつ、信託財産に帰せられる収益及び費用は当該受益者の収益及び費用とみなされます（法法12①）。また、信託終了時に残余財産を受ける者（残余財産受益者等）が受益者と同一の場合、信託の終了時において、課税関係は発生しません。

4 適正な対価の授受がなされなかった場合

　信託設定時には、委託者から受益者に対して信託財産が譲渡されたとみなされることから、適正な対価の授受がなされなかった場合は、寄附・受贈の関係が生ずることとなります。

　その場合の課税関係は次のようになります。

	委託者	受益者
個人委託者→個人受益者	課税なし※	贈与又は遺贈
個人委託者→法人受益者	みなし譲渡	受贈益課税
法人委託者→個人受益者	寄附金・役員賞与	一時所得・給与所得
法人委託者→法人受益者	寄附金	受贈益課税

※　その不動産に係る債務を同時に信託財産とした場合は、負担付贈与通達（平元 .3.29 付直評5外）の適用によりみなし譲渡課税がされます。ただし、その債務が預り敷金等の場合は、その金額相当額の金銭等の同時信託により、同通達の適用はされないこととなります（照会事例「賃貸アパートの贈与に係る負担付贈与通達の適用関係」国税庁ホームページ）。

　信託の設定当初から他益信託であった場合だけでなく、信託期間中に受益者が追加された場合にも、受益者追加時に、追加された新・受益者から現・受益者に対し、移動した受益権に対応する財産に見合った適正な対価の支払いが必要となります。そして、適正な対価の支払いがなかった場合には、上記同様に、寄附・受贈の関係が生ずることになります。

5 実体不動産の贈与との比較

　上述のように、不動産を信託して対価なく孫を受益者とした場合であっても、実体不動産を贈与した場合であっても、孫に贈与税が課されることには変わりありません。しかし、実体不動産の場合は、民法上の贈与であり諾成契約となります（民549）。一方、信託の場合、あくまでも契約の当事者は委託者と受託者であり、受益者はそこには存在しません。

　つまり、受益者に意思能力が乏しい場合であっても、受益権という形であれば実質的に財産の贈与が可能であり、その場合の課税の根拠は相続税法9条の2となります。

3 未だ生まれていない孫を 受益者とする信託の設定

1 生まれていない孫に遺産を継がせる方法

　特定の者に遺産を継がせるためには、遺贈という方法をとることとなります。しかし、民法相続編には同時存在の原則というものがあり、被相続人の財産が相続によって相続人に移転するためには、相続開始の時点で相続人が存在（胎児は生まれたものとみなします）していなければなりません。これは遺贈についても同様です。

　これらのことにより、通常の相続手続きでは未だ生まれていない孫に財産を継がせることはできませんが、信託の仕組みを利用して、未だ生まれていない孫を受益者にすれば、その目的を果たすことができます。信託はあくまでも委託者と受託者との契約ですので、このような利用も可能となるのです。

2 未だ生まれていない親族を受益者とする信託

　受益者等の存しない信託の受益者等となる者が、委託者の親族である場合等には、信託の効力発生時に、受託者に対し、法人税のほか、相続税又は贈与税も課税されることとなっています（相法9の4）。そして相続又は遺贈により財産を取得する者が被相続人の1親等の血族や配偶者以外の者である場合には、相続税の2割加算の適用があるため（相法18）、現に存在する親族等のうち、条件成就者が受益者となるような信託については、この2割加算の適用を受けるケースが多いようです。

　しかし、信託の効力発生時に、未だ存在していない者を受益者とする信託を設定した場合、2割加算の規定の適用はできないこととなり、結果として相続税の世帯飛ばしが可能となります。

　そこで、このような信託では、信託の効力発生時に受託者が相続税等を課されることに加えて、効力発生時に未だ存在しない者が、その信託の受益者等となる時においても、その受益者等となる者が、信託に関する権利を贈与により取得したものとみなされ、贈与税も課されることとなります（相法9の5）。

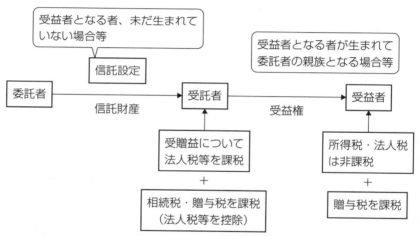

（『平成19年版 改正税法のすべて』（大蔵財務協会）481頁の図より）

③ 信託の契約締結時等に未だ存しない者

　この規定の目的は、上述のように、世代飛ばしによる租税回避行為の防止にあります。したがって、この規定による次の用語の定義は次になります。

① 契約締結時等に未だ存しない者
　ア　契約締結時において出生していない者
　イ　養子縁組前の者
　ウ　受益者として指定されていない者など
　親族等を受益者とする信託において、受益者となる条件が未成就で受益者としての地位を有していない者は、少なくとも受益者の候補としての要件を満たしていると考えられます。しかし、この規定が適用される「未だ存しない者」は、契約締結時等では未だ存在さえしていない等、受益者等の候補にさえなりえない者が該当することになります。

② 契約締結時等
　契約締結時等とは、要は信託の効力発生時ということですが、信託の区分に応じ次に定める時ということとなります（相令1の11）。
　　ア　契約によって設定される信託　……　信託契約の締結の時
　　イ　遺言によって設定される信託　……　遺言者の死亡の時
　　ウ　自己信託　……　公正証書等の作成の時、又は、受益者となるべき者として指定された第三者に対する確定日付のある証書による通知の時

4 受益者又は受託者が死亡した場合

❶ 信託設定における委託者及び受託者の権利

　共有状態にある不動産の管理運用に当たっては、その不動産の管理権や処分権が問題となることがあります。信託の仕組みを利用して、管理権や処分権の制限や移転をすることにより、これらのコントロールを容易にすることができます。

　共有不動産について信託を利用する場合、不動産の共有者全員が委託者となり、信託契約により受託者に不動産の運用管理を託します。したがって、受託者は、信託財産に属する財産の管理又は処分及びその他の信託の目的の達成のために必要な行為をする権限を有します（信託法26）。共有者である委託者は、勝手に不動産を処分することはできなくなりますが、自益信託の場合、受益権の処分権を有します。

　しかし、信託契約により、その権利に制限を加えることが可能であり、単に受益権の譲渡等を認めない旨規定する方法や、受益権の処分について、受託者や他の受益者の同意を必要とする旨規定する方法により行うことができます。

　共有不動産を管理する場合は、委託者と受益者が同一かつ複数である自益信託を利用しますが、受託者の権利については受益者保護のため制限を設けることができ、その管理運用には受益者の指示を要すると規定することもできます。また逆に、将来何らかの要因により受益者が意思表示のできない状態となったときに備えて、受益者の指示なく管理運用可能のように定めることもできます。

2 受益者の死亡

　自益信託の場合は、受益者死亡に備えて第二次受益者を定めることができます。

　夫婦で不動産を共有し、それについて信託を設定する例では、夫が死亡した場合は長男、妻が死亡した場合は次男を第二次受益者と定めることにより、遺言のような機能を持たせることになります。このような信託を、その機能から遺言代用信託といいます。なお、仮に次男を受託者とした場合、原則として受託者が受益者を兼ねることはできませんが、受益者が複数人存在する場合は、受託者が受益者となることも可能となります。

　上記の遺言代用信託に似たものとして、遺言信託というものもあり、こちらは契約でなく遺言により信託を設定させるものです。信託の内容、受託者、受益者は、遺言により指定します。したがって、信託が稼働するのは委託者である被相続人が死亡し、遺言書の検認が終了した後となります。

3 受託者の死亡

　受託者が欠けた場合であって、新受託者が就任しない状態が1年以上継続したときは信託は終了する旨規定されています（信託法163三）。したがって、信託契約において、不測の時に受託者となるものを定めることにより、信託の運用管理を安定させることができます。

4 委託者の全てが死亡した場合の対応

　当初委託者の全てが死亡した時に、信託を終了させるよう設定することもできます。信託は、その信託が終了した場合には、清算することとされ

ており（信託法175）、信託終了時に受託者から残余財産の引渡しを受ける者を残余財産受益者等といいますが、受益者を残余財産受益者とすることもできます。そして、信託終了により、残余財産である信託不動産を受益者に引き渡し、その後、各受益者が持分交換等で不動産の持分関係を解消します。その他にも、信託終了時の財産引渡しの規定に、受託者は信託不動産の一部又は全部を換価して、信託不動産の引渡しに代えて、金銭をもって交付することができると規定することもできます。

5 信託と債務控除

　賃貸用不動産を信託している場合であっても、大規模修繕工事などで資金が必要となることがあります。それを信託の仕組みのなかで調達する方法として、信託内借入があります。

　たとえば次のような手順で行うこととなります。

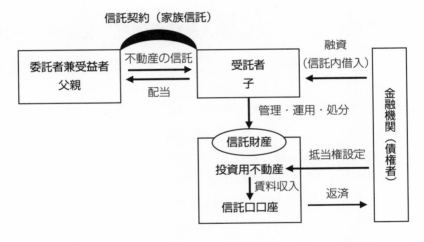

① 委託者（兼受益者）は保有する投資用不動産を信託財産とする信託契約を家族（受託者）と締結する。

② 受託者は信託財産の管理・運用・処分を行い、信託財産から生じた収益を受益者に配当する。

③ 受託者は必要に応じて信託財産である投資用不動産を担保に金融機関から融資を受ける。

④　受託者は信託財産から生じた賃料収入を信託口口座で管理し、借入金の返済を行う。

　一方、受益者（兼委託者）自身が借入をする方法もあり、上記を信託内借入というのに対し、こちらは信託外借入と呼びます。

　そして、信託の受益者に相続が発生した際には、信託外借入の場合はその借入金は債務控除の対象となります。しかし、信託内借入の場合、借入は受託者が行うことから、受益者の相続で、債務控除の対象となるかどうか疑問が生じます。これについては、その相続により、信託が終了するものであるか、それ以外のものであるかに分けて考えてみます。

１　受益者死亡で終了しない受益者連続型信託の場合

　受益者であった者の死亡に起因して新たにその信託の受益者等が存するに至った場合には、その信託の受益者等となる者は、その信託に関する権利をその信託の受益者等であった者から遺贈により取得したものとみなされます（相法9の2②）。そして、この遺贈により取得したものとみなされる信託に関する権利又は利益を取得した者は、その信託の信託財産に属する資産及び負債を取得し、又は承継したものとみなして、相続税法の規定を適用することとなります（同条⑥）。

　つまり、第二受益者は受益権を相続により取得したものとみなされ、その信託の受益権（信託財産）を構成する資産及び負債を取得し、又は承継したものとみなされることから、信託内借入に基づく債務は相続により承継されたものとみなされ、相続時の債務控除が可能ということになります。

2　一代で終了する信託の場合

　受益者等の存する信託が終了した場合において、受益者であった者の死亡に起因してその信託の残余財産の給付を受けるべき、又は帰属すべき者となる者があるときは、当該給付を受けるべき、又は帰属すべき者となった時において、その信託の残余財産の給付を受けるべき、又は帰属すべき者となった者は、その信託の残余財産をその信託の受益者等から遺贈により取得したものとみなされます（同条④）。

　ところで、この残余財産を構成する資産及び負債については、遺贈により承継したものとする規定はありません。つまり、相続時の債務控除が可能とする規定はありません。

　信託終了後においては、信託終了時の受託者（清算受託者）が清算手続きを行い、残った債務の弁済を経た後、信託契約で定めた帰属権利者等へ信託財産を給付するという信託法（信託法177～184）の規定から、信託終了時には債務がないことを前提として相続税法を規定していると考えられるからです。

　このことから、一代で終了する信託の場合、債務控除を適用することについては、一定のリスクがあるものと思われます。

6　信託受益権の評価

1　信託受益権と元本受益権を分解した場合

　信託受益権について、収益受益権と元本受益権を分解したような信託を受益権が複層化された信託といいます。受益者連続型信託について、異なる受益者がこのような複層化された信託の受益権をそれぞれ有している場合、収益に関する権利が含まれるものについては、その権利に付された制限が付されていないものとみなされます（相法9の3①）。

　したがって、受益者連続型信託に関する権利の価額は、次に掲げる価額となります（相基通9の3-1）。

① 受益権が複層化された受益者連続型信託に関する収益受益権

　　……　信託財産の全部の価額

② 受益権が複層化された受益者連続型信託に関する元本受益権

　　……　零（ただし、後述の3に該当する場合を除きます）

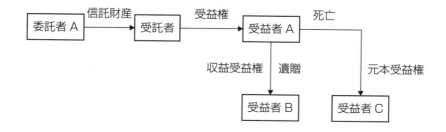

2 信託期間が終了した時の課税関係

　受益者Bの死亡等により信託期間が終了した場合、元本受益権を有する子らが残余財産受益者等となります。そして、元本受益権を有する者が、その信託の残余財産を取得したときは、それらの者に相続税が課されることとなります（相法9の2④、相基通9の3-1注書き）。

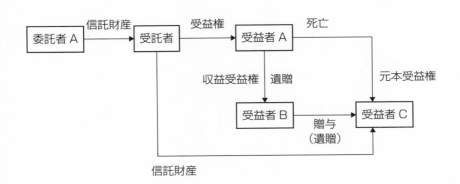

3 性質の異なる権利を法人が有する場合

　上記の受益者Bについて、個人ではなく、たとえば不動産管理会社等の法人に収益受益権を引き継がせるとします。受益者連続型信託に関する権利を有する者が法人（人格なき社団等を含みます）である場合は、収益受益権、元本受益権をそれぞれに評価して、相続税等の課税関係を考えることとなります（相法9の3但し書き）。

　信託受益権の評価は次のようになります（評価通達202(3)）。

① 　元本受益権　……　課税時期における信託財産の価額から、下記②により評価した収益受益者に帰属する信託の利益を受ける権利の価額を控除した価額

② 　収益受益権　……　課税時期の現況において推算した受益者が将来受けるべき利益の価額ごとに課税時期からそれぞれの受益の時期までの期間に応ずる基準年利率による複利現価率を乗じて計算した金額の合計額

　また、信託財産が山林（事業所得の基因となるものを除きます）又は譲渡所得の基因となる資産である場合、法人への収益受益権の移動時にみなし譲渡の適用があることになりますので、注意が必要です（所法 59 ① 一）。

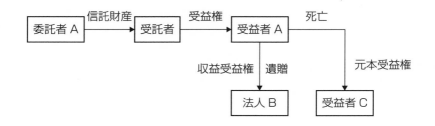

7 信託契約自体が孕む問題点

　賃貸不動産について、信託財産として、所有者の老齢化対策と相続対策をしようとする向きも多いのではないかと思います。しかし、信託の本質は契約にあります。通常の相続対策の場合は、想定外の事由が生じたときにおいても、臨機応変に対処可能ですが、信託契約の場合は、あらゆる可能性を想定し、それぞれについての対処策を考え、契約に組み入れる必要があります。でなければ、想定外の事態が生じたときに、信託契約自体が破綻することとなります。

　したがって、信託を組む場合は、往々にして分厚い契約書を作成することとなります。どの程度綿密に契約事項を考える必要があるのか、その検討が重要となることに留意する必要があります。

VⅢ

海外不動産の存在

1 海外不動産の保有と税務

1 国外中古建物による投資スキーム

　会計検査院は、外国に存する中古の建物（以下、「国外中古建物」といいます）を用いて所得税負担の軽減を図る事例を平成28年11月検査報告において報告しました。それを受け、令和2年度の税制改正では、このスキームを封じる改正が行われたのですが、ここではまず、本スキームについて説明します。

　本スキームは、国外中古建物の貸付けにより多額の減価償却費を計上し、多額の不動産所得の赤字を発生させ、これを給与所得等（住民税とあわせて最高税率55％）と損益通算し、税額を軽減するというものです。

　国外中古建物を譲渡する際、譲渡所得の計算において取得価額は減価償却後の金額であるため非常に低額となりますが、所有期間5年超であれば20％（住民税との合計）分離課税の適用が可能となります。

　本スキームが用いられる理由等は次のようなものです。

① 　日本の税法（減価償却資産の耐用年数等に関する省令）上、中古資産の耐用年数については、使用可能期間の年数を見積もることが困難なものについては、「簡便法」の適用が可能であり、早期に多額の減価償却費を計上できること。

② 　外国の100年利用できる堅牢な建物の場合、資産価値がさほど経年減価せず、買って5年後などであれば、買値とほぼ同額での売却が可能とされており、保有している5年余りの間、簡便法で早期に多額の減価償却費を計上し、総合課税（住民税とあわせて最高税率55％）の税負

担を減らした後、売却時には20％（住民税との合計）分離課税の適用を受けることが可能であること。

③　更に、非居住者になってから国外中古建物を売却した場合（外国に帰国後（外国人）又は国外転出後（日本人））、その譲渡所得について日本の課税関係は及ばないこと。

したがって、本スキームは、海外投資を行う資金があり、かつ、総合課税（住民税と合わせて最高税率55％）と分離課税（住民税と合わせて20％）に大きな税率差がある富裕層だけが効果を得られるものであり、雑誌やインターネット等でも富裕層が活用する税負担軽減のスキームとして紹介されていました。

② 国外中古建物の不動産所得に係る損益通算等の特例

上記スキームに対して行われた、令和2年度税制改正の内容は以下のとおりです。

①　個人が、令和3年以後の各年において、国外中古建物から生ずる不動産所得を有する場合においてその年分の不動産所得の金額の計算上国外不動産所得の損失の金額があるときは、当該国外不動産所得の損失の金額に相当する金額は、所得税に関する法令の規定の適用については、生じなかったものとみなすこととされました（措法41の4の3①）。これにより、その損失の金額については、国内の不動産から生じる不動産所得とのいわゆる所得内通算及び不動産所得以外の所得との損益通算ができないこととなりました。

②　上記①の用を受けた国外中古建物を譲渡した場合には、その譲渡による譲渡所得の金額の計算上、その取得費から控除することとされる償却費の額の累積額からは、上記①により生じなかったものとみなされた損失の金額に相当する金額の合計額が控除されます（措法41の4の3

③）。これにより、この②の措置がなかった場合と比べて、国外中古建物の譲渡時の譲渡所得に係る所得税額は減少することとなります。

3 不動産を直接保有しない場合

アメリカにおいて日本の居住者である個人が、不動産投資を行う場合、直接保有の他に、事業体（Limited Liability Company）を間に入れて保有する方法があります。

アメリカの税制上は、LLC ごとに法人課税を受けるか又はその出資者である構成員（メンバー）を納税主体とするパススルー課税を受けるかの選択が認められています（チェック・ザ・ボックス規則）。もっとも、日本の税制上は、LLC は原則外国法人として扱うのが相当とされています。

❶ 海外不動産を直接保有する場合

ア　アメリカでの課税

アメリカの不動産を賃貸し収入を得ている場合には、源泉徴収課税方式又はネットレント課税方式により連邦税が課税されます。源泉徴収課税方式では賃貸収入の30％を委託管理会社経由で IRS（内国歳入庁）に納付します。ネットレント課税方式を選択する場合は、賃貸人である個人が、非居住者申告書である Form 1040NR を提出します。ネットレント課税方式では、賃貸収入から必要経費を控除して計算した不動産賃貸所得に、連邦所得税率10％～37％を乗じて税額を算します。

その他にも不動産賃貸所得に対する州税も申告納付する必要があります。

イ　日本の課税

日本の居住者であれば全ての所得について日本において課税されるので、アメリカにある不動産でも賃貸して所得が発生していれば、不動産所

得として日本で確定申告をする必要があります（所法7①一二）。外国税額控除制度を使い、アメリカにある不動産から生じた所得に対してアメリカで納税した分は、一定の計算のもと日本の所得税から控除することができます（同法95）。

❷ LLC を介して海外不動産を間接保有する場合

ア　アメリカでの課税

　パススルー課税により納税義務者は LLC ではなく、その構成員である日本居住者（個人）となります。したがって、上記と同じく、源泉徴収課税方式によりその個人に帰属する賃貸収入の30％を委託管理会社経由で納付するか、ネットレント課税方式を選択して、非居住者申告書である Form 1040NR を提出し、その個人に帰属する不動産賃貸所得に連邦所得税率を乗じて計算した税額を納付することとなります。

イ　日本の課税

　アメリカ LLC は日本の税制上外国法人として扱われ、アメリカでの課税のようなパススルー課税は認められません。したがって、LLC の不動産賃貸所得を日本の確定申告でその構成員である個人の不動産所得として計上することはできません。LLC の構成員である日本の居住者には、LLC からの金銭の分配により課税が生じます。分配金が実質的にみて出資者である地位に基づいて受ける利益の分配である場合は、日本の税務上配当所得と考えられるため、分配を受けたときに外国法人から配当等の支払いがあったものとして課税されます※。

　不動産賃貸収入に関しては、個人は米国所得税をアメリカに納税していますが、日本での課税は、外国法人である米国 LLC にされますので、外国税額控除の適用はありません。また、アメリカの LLC に事業実体がない場合は、外国子会社合算税制が適用され、不動産賃貸による所得を日本

で雑所得として総収入金額に含めて申告する必要があります。

※　東京高裁平成 19 年 10 月 10 日判決では、不動産賃貸業を行う LLC から取
　得した分配金は、賃貸ビルの市場価額が増加し含み益が生じたことや、不動
　産賃貸業による利益が計上されたことを背景に、剰余資金をその出資者であ
　る納税者らに利益の配分として分配したものと認めるのが相当としています
　（Z257-10798）。

2 海外不動産の評価

1 海外不動産の評価における基本的な考え方

　海外不動産について、相続があった場合にどのように評価するかという問題があります。財産評価基本通達5−2では国外財産の評価について、次のように定めています。

財産評価基本通達5−2（国外財産の評価）

　国外にある財産の価額についても、この通達に定める評価方法により評価することに留意する。

　なお、この通達の定めによって評価することができない財産については、この通達に定める評価方法に準じて、又は売買実例価額、精通者意見価格等を参酌して評価するものとする。

（注）　この通達の定めによって評価することができない財産については、課税上弊害がない限り、その財産の取得価額を基にその財産が所在する地域若しくは国におけるその財産と同一種類の財産の一般的な価格動向に基づき時点修正して求めた価額又は課税時期後にその財産を譲渡した場合における譲渡価額を基に課税時期現在の価額として算出した価額により評価することができる。

　海外の不動産については、日本の基準で算出された路線価や固定資産税評価額がないため、これらの評価方法を用いることができません。また、借地借家法の規制がないため、借地権割合や借家権割合による減額もありません。

　海外不動産の評価については、時価にて評価額を算出することになりま

すが、国外にある土地の評価については次の質疑応答事例があります。

国外財産の評価——土地の場合

【照会要旨】

　国外に所在する土地は、どのように評価するのでしょうか。

【回答要旨】

　土地については、原則として、売買実例価額、地価の公示制度に基づく価格及び鑑定評価額等を参酌して評価します。

（注）

1　課税上弊害がない限り、取得価額又は譲渡価額に、時点修正するための合理的な価額変動率を乗じて評価することができます。この場合の合理的な価額変動率は、公表されている諸外国における不動産に関する統計指標等を参考に求めることができます。

2　例えば、韓国では「不動産価格公示及び鑑定評価に関する法律」が定められ、標準地公示価格が公示されています。

【関係法令通達】

　財産評価基本通達5-2

　もっとも、上記通達では、注書きにおいて、次の区分による簡便評価が認められています。

ア　その財産の取得価額を基にその財産が所在する地域若しくは国におけるその財産と同一種類の財産の一般的な価格動向に基づき時点修正して求めた価額

イ　課税時期後にその財産を譲渡した場合における譲渡価額を基に課税時期現在の価額として算出した価額

　この取得価額により評価することについて課税上弊害がある場合として、次の質疑応答事例があります。

国外財産の評価——取得価額等を基に評価することについて課税上弊害がある場合

【照会要旨】

　国外財産の評価において、その財産の取得価額等を基に評価することについて、課税上弊害がある場合とは、どのような場合をいうのでしょうか。

【回答要旨】

　その財産を親族から低額で譲り受けた場合など、取得価額等が取得等の時の適正な時価と認められない場合や、時点修正をするために適用する合理的な価額変動率が存しない場合をいいます。

（理由）

1　財産評価基本通達の定めによって評価することができない国外財産については、課税上弊害がない限り、その財産の取得価額を基にその財産が所在する地域若しくは国におけるその財産と同一種類の財産の一般的な価格動向に基づき時点修正して求めた価額又は課税時期後にその財産を譲渡した場合における譲渡価額を基に課税時期現在の価額として算出した価額により評価することができることとしています（評基通5-2）。

2　このような評価方法が認められるのは、その財産の取得価額や譲渡価額が、当該譲渡や取得の時におけるその財産の適正な時価と認められることが前提となっています。したがって、例えば、その財産を親族から低額で譲り受けた場合、債務の返済等のため売り急ぎがあった場合など、その価額がその時の適正な時価であると認められない場合において、その価額を基として評価することには、課税上弊害があると認められます。

3　また、当該国外財産の取得価額又は譲渡価額を時点修正するための合理的な価額変動率が存しない場合についても、この評価方法を

適用する前提を欠いていることから、取得価額や譲渡価額を基に評価することはできません。

　なお、これらの不動産について、その国で課税の対象となることがあります。その場合の評価額を採用することについては、次の質疑応答事例があります。

国外財産の評価——国外で相続税に相当する税が課せられた場合
【照会要旨】
　相続財産である土地が所在する国で、相続税に相当する税が課せられた場合に、その税の課税価格の計算の基となった当該土地の価額により当該土地を評価してよろしいですか。

【回答要旨】
　当該外国の税の計算の基礎となった土地の価額をもって相続税法第22条に定める時価（不特定多数の当事者間で自由な取引が行われる場合に通常成立すると認められる価額（評基通1(2)））とすることが、全ての場合に相当であるとは言い切れませんが、例えば、その価額が鑑定評価に基づいたものである場合などで、課税時期における時価として合理的に算定された価額であれば、その価額によって評価して差し支えありません。

（理由）
　国外財産である土地に外国で相続税又は贈与税に相当する税が課されたとしても、その税の計算の基となった価額については、例えば、その価額が租税特別措置法第69条の4のような課税上の特例を適用した後のものである場合も考えられることから、全ての場合に相続税法第22条に定める時価として相当であるとはいえません。

【関係法令通達】

財産評価基本通達１(2)、5-2

2 主要各国の不動産評価の例

ア　アメリカ

不動産鑑定士に依頼して鑑定評価額を算出し評価を行うか、不動産業者に依頼し査定書を出してもらうこととなります。

アメリカでは相続があった際、一定の相続財産額を超えると「プロベイト」という裁判所によって行われる遺産分割・相続の手続き等が必要となります。ここで使われるのが鑑定士による評価額となり、日本の相続税評価額についても準用されることとなります。

もっとも、プロベイトは何年もかかることも多く、それを回避するため、リビングトラストを設定したり、ジョイント・テナンシーやジョイント・アカウントを利用したりすることが多いようです。

イ　中国

不動産鑑定師の協会に依頼し、不動産鑑定評価書を発行してもらうか、不動産取引ブローカーに査定してもらうことになります。

なお、中国では土地そのものを所有できず、代わりに期限付の土地使用権を取得し、土地を利用するため、土地の価額は使用権の価額となります。また、中国においては相続税がないので、相続税評価額というものはありません。

ウ　韓国

上記の「国外財産の評価──土地の場合」という質疑応答事例にもあるように、国により公示価格が定められており、こちらを基に評価することが可能です。

3 ジョイント・テナンシー等

1 エステートプランニング

　長年の海外勤務者が現地で策定したエステートプランニングについて、わが国に帰国した際に、税務上の問題が生じる場合があります。

　エステートプランニングとは、自らの資産の移転・承継に関する総合的な計画のことで、狭義には生前相続対策をいいます。これは争族対策という側面もありますが、面倒な検認裁判（プロベイト）回避手段として策定されることも多いようです。プロベイトとは、他界した者の遺産を整理・鑑定し相続人に分配するための正式な手続きのことで、戸籍のない国で相続人を確定するために取られる方法です。そのため、相応の時間と労力を要し、早くて6ヶ月、通常は1年以上かかるものです。

　エステートプランニングでは、一般に投資会社とともにその個人個人にあわせて策定しますが、撤回不能信託とジョイント・テナンシーが2つの大きな柱とされています。撤回不能信託を利用すると、国や州により、その財産は遺産から外すことができ、検認裁判不要で相続人に財産を移すことができること、財産を承継させたい人に確実に財産を遺せることなどから、エステートプランニングでは、この撤回不要信託の利用が必須とされているのです。しかし、日本では撤回可能信託か撤回不能信託かによる税制上の区別はなく、委託者と受益者が異なることとなったときに課税関係が発生するため、海外で策定したプランについては、見直す必要がでてきます。

　ジョイント・テナンシーの方は、不動産等を所有する場合によく使われ

る形態で、各所有者はそれぞれ所有権を等分に持つというものですが、いわゆる共有不動産と異なるものです。権利書に、各共有者の持ち分（所有割合）が記載されていない場合は、ジョイント・テナンシーであるという識別方法もあるようです。

2 ジョイント・テナンシー

　ジョイント・テナンシー（Joint Tenancy、合有財産権）とは共同所有の一形態なのですが、不動産でよく使われることから、ジョイント・テナンシーで所有する不動産自体を指して使用することもあります。
　合有財産権は次の4つの unity（同一性の要件）を備えた財産権と説明されています。
①　同一の不動産に関する同一の譲渡行為によって（unity of title）、
②　2名以上の者が同一の時に始期を有する（unity of time）
③　同一の権利（unity of interest）を
④　共同所有する（unity of possession）
　この合有財産権の最大の特徴は、合有権者の1人が死亡した場合、その有した権利が相続の対象とならずに生存する他の合有権者に帰属することにあります。

3 ジョイント・テナンシーとわが国における課税関係

　ジョイント・テナンシーとして海外で不動産を購入した場合に、わが国において問題となる課税関係は次の2点です。
①　不動産購入時の課税関係〈入口課税〉
　ジョイント・テナンツ（合有権者）の一方のみが資金を拠出した場合の課税関係で、相続税法9条のみなし贈与が問題となります。

②　相続発生時の課税関係〈出口課税〉

　帰国後にジョイント・テナンツの一人が死亡した場合の課税関係で、その保有する含有財産権の相続財産該当性が問題となります。

4 ジョイント・テナンシーと入口課税

　含有不動産権について、入口課税が問題となったものに、名古屋地裁平成 29 年 10 月 19 日判決（棄却・確定 Z267-13079）があります。

　納税者及び夫は、ジョイント・テナンシーの要件を満たす方法によりカリフォルニア州所在の不動産（以下「本件不動産」という）を購入し、ジョイント・テナンツとして登記した。それぞれの持分は2分の1である。

　原処分庁は、納税者は上記不動産の購入資金を支払うことなくその権利の2分の1に相当する利益を受けたとして、相続税法9条等に基づき更正処分等をしたため、納税者はその取消しを求めて訴訟となった。

　納税者は、カリフォルニア州家族法 760 条に、「制定法に別段の定めがある場合を除き、当州に居住する間、婚姻継続中に既婚の者が取得した全ての財産は、物的財産でも人的財産でも、どこに存在しようと共有財産である。」という規定があることから、本件不動産を夫の単独所有として登記することはできず、ジョイント・テナンシーの形式で登記する以外の方法はなかったとし、不動産購入について夫に委任したとしても、真にやむを得ない理由に基づいて行われたものであり、名義を借用させたものであるため、名義変更通達（「名義変更等が行われた後にその取消し等があった場合の贈与税の取扱いについて」昭 39.5.23 直審 (資)22、直資 68）6 により、夫から納税者

へのみなし贈与があったとはいえない等主張した。

　判決では、納税者は対価を支払うことなく本件不動産の2分の1相当の経済的利益を得たというべきであるから、贈与税の課税の基礎となるみなし贈与があったと認められるとし、更に、仮に、カリフォルニア州家族法760条が納税者に適用される余地があるとしても、夫婦共有財産に関する同条の規定は、名義のいかんを問わず、婚姻中に得られた財産は共有財産として扱われるという趣旨を述べるものにとどまると解されるから、この規定があるために、既婚者が不動産を取得する際には、対外的に表示される持分を夫婦で等しくしなければならない、すなわちジョイント・テナンシーの形式で所有権を取得しなければならないという帰結が生ずるものとは解されないし、同法1500条は、夫婦間で制定法と異なる合意をする余地を認めているのであるから、同法760条はいわゆる任意規定というべきであり、この規定によって、特定の共同所有形態が強制されていると解することはできないとして、納税者の主張を退けた。

　このように、含有不動産権の設定に際して、自己の持分に相当する資金拠出がない場合は、相続税法9条のみなし贈与の対象となることが確認されます。もし、検認裁判回避手段としてのジョイント・テナンシーに魅力を感じるのであれば、別の選択肢として、生前に「Transfer On Death Deed」という証書を登記しておく方法もあります。この方法によれば、被相続人が亡くなった時点で、相続財産の所有権が事前に指定した相続人に移転することとなります。つまり、実質的に死因贈与契約のような性質を持つものであり、プロベイトを介せずに相続が可能になります。

5 ジョイント・テナンシーと出口課税

　国税庁のホームページに「ハワイ州に所在するコンドミニアムの合有不動産権を相続税の課税対象とすることの可否」という質疑応答事例が公開されています。

【照会要旨】

　被相続人は、米国ハワイ州に所在するコンドミニアムを相続人（長男）と合有の形態（ジョイント・テナンシー）で所有していました。ハワイ州の法律によると、この所有形態では、合有不動産権者のいずれかに相続が開始した場合には、生存合有不動産権者がその相続人であるか否かにかかわらず、また、生存合有不動産権者がその相続人であったとしてもその相続分に関係なく、被相続人の合有不動産権が生存合有不動産権者（本件の場合には長男）に移転することとされています。

　この場合、被相続人の合有不動産権については、相続税の課税対象となりますか。

【回答要旨】

　被相続人の合有不動産権が移転したことによる生存合有不動産権者の権利の増加は、対価を支払わないで利益を受けた場合に該当するため、生存合有不動産権者が移転を受けた被相続人の合有不動産権の価額に相当する金額については、被相続人から贈与により取得したものとみなされることになります（相法9）。

　したがって、生存合有不動産権者が被相続人から相続又は遺贈により財産を取得している場合には、被相続人から贈与により取得したものとみなされた合有不動産権の価額に相当する金額は、相続税の課税価格に加算され（相法19①）、相続税の課税対象となります。

（以下略）

　上記の回答要旨にもあるように、含有権者の一人に相続が発生した場合、被相続人の合有不動産権が生存合有不動産権者（本件の場合には長男）に移転することによる課税関係は、相続税法9条の対象となると考えられています。

　ところで、共有物については、わが国の民法においても、「共有者の一人が、その持分を放棄したとき、又は死亡して相続人がないときは、その持分は、他の共有者に帰属する。」（民255、課税関係については相基通9-12）とあります。この場合も、みなし贈与課税の対象とされることについて、違和感はないと思います。

　しかし、共有でなく含有の場合は、独特の性質があります。回答要旨の注書きには、「合有不動産権とは、同一の不動産に関する同一の譲渡行為によって、2名以上の者が同時に始期を開始する同一の権利を共同所有するという不動産権（joint tenancy）であり、共有不動産権と異なり、権利者のうち1人が死亡した場合には、その権利は相続性を持たず（遺言による変更も不可）、その権利は生存者への権利帰属（survivorship）の原則に基づいて生存合有不動産権者に帰属することとされています。」とあります。そして、本文にも、次のようななお書きがあります。

　「なお、合有不動産権は、ある不動産を取得する際に、当事者間で合有不動産権を創設しようとする契約上の合意により創設されるものであり、その合意は、お互いに「自分が死んだら、生存合有不動産権者に合有不動産の権利を無償で移転する」という契約、すなわち実質的な死因贈与契約であるとみることもできます。よって、合有不動産権者の相続開始による生存合有不動産権者への合有不動産権の移転は、死因贈与契約によるものであるといえるため、被相続人から死因贈与（遺贈）により取得したものとして相続税の課税対象としても差し支えありません。」

　つまり、上記の民法255条が適用される共有者と含有権者とでは、その権利が発生する状況が全く異なるのです。そして、そこに着目し、実質判

断から、含有不動産権は死因贈与として相続税の課税対象としても差し支えないとしています。ジョイント・テナンシーは、親族間でなくとも設定可能なので、このような救済が図られているのです。

　含有権者に相続が発生したときに課税関係が発生すること、つまりジョイント・テナンシーの出口課税が争点となったものとしては、「被相続人が米国f州にジョイント・テナンシーの形態で所有していた不動産について、生存合有者（ジョイント・テナンツ）が取得した被相続人の持分は、みなし贈与財産に該当し、相続税の課税価格に加算されるとした事例」（平成27年8月4日裁決）があります（平27.8.4裁決・裁事100・平27.8.4東裁（諸）平27-21）。

　　被相続人及び納税者P2は、米国のf州i市に所在する本件不動産を、ジョイント・テナンシーの形態により所有していた。P2ら相続人は被相続人の相続税の申告の際、本件不動産を相続税の課税価格に算入していなかった等のため、原処分庁は、本件不動産に係る鑑定評価書に記載された鑑定評価額を円換算した評価額に、本件被相続人の持分に相当する割合2分の1を乗じて計算した価額をP2の課税価格に加算する等の課税処分を行った。P2らは、これらを不服として審査請求に及んだ。

　　審判所は、①被相続人及びP2がジョイント・テナンシーの形態で所有している本件不動産については、ジョイント・テナンツ（合有者）の一人である被相続人が死亡したことにより、その権利は、相続されることなく、生存者への権利の帰属（サバイバー・シップ）の原則に基づいて、残りのジョイント・テナンツであるP2の権利に吸収されたものと認められること、②サバイバー・シップの原則によりP2の権利が増加した時に対価の授受があった事実は認められないことにより、生存者であるP2は相続税法第9条に規定する「対価を

支払わないで利益を受けた場合」に該当すると認められるとした。さらに、この権利の増加につき、請求人 P2 には、相続税法第 19 条《相続開始前 3 年以内に贈与があった場合の相続税額》第 1 項が適用されることとなるため、被相続人がジョイント・テナンシーの形態で所有する本件不動産の持分については、P2 が被相続人から贈与により取得したものとみなされ、本件不動産の価額の 2 分の 1 に相当する部分の金額については、相続税の課税価格に加算すべきものと認められるとして P2 らの主張を斥けた。

　この裁決例の大きな争点は、「本件被相続人がジョイント・テナンシーの形態で所有する本件不動産は、本件相続税の課税価格に算入されるべきものか否か。」です。審判所は、質疑応答事例の回答と同様に、まず、相続税法 9 条を適用し、更に 3 年以内贈与財産として、相続税の課税価格に加算すべきとしています。

　一方、納税者は、本件 f 不動産の購入代金は全て納税者 P2 が支払ったものであり、本件 f 不動産に係る修繕費等が納税者 P2 に請求されていたことから、本件 f 不動産は、納税者 P2 の財産であり、本件被相続人の財産ではない旨主張しています。しかし、審判所は、「仮に、本件 f 不動産の購入代金等の全てを納税者 P2 が支払ったとしても」、「本件相続開始日の直前において、本件 f 不動産は、本件被相続人と納税者 P2 がジョイント・テナンツとして、ジョイント・テナンシーの形態により所有していたものと認められ、納税者 P2 が単独で所有していたものとは認められない」としています。ジョイント・テナンシーについては、実質判断とか名義財産とかいう考え方はされないことに留意したいところです。

IX

賃貸不動産と準確定申告

1 被相続人の収益か 相続人の収益か

1 賃貸不動産を相続する場合

　相続財産が賃貸の用に供されている場合、相続開始日の近辺で受け取った賃料が、被相続人に帰属するものか、相続人に帰属するものか疑問に思うことがあります。

　民法では、「物の使用の対価として受けるべき金銭その他の物を法定果実とする」としています（民88②）。具体的には、金銭使用の対価である利息、田畑使用の対価である小作料、家屋使用の対価である家賃、宅地使用の対価である地代などがあります。法定果実は、その性質上、期間に対応して生じるため、日割り計算で取得されます（民89②）。

　相続において法定果実の帰属、つまり誰のものであるかが問題となるのは、相続発生前後、そして、遺産分割協議成立前後です。

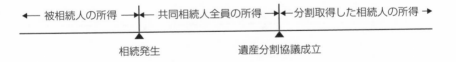

2 相続発生前後における収益の帰属と所得税

❶ 月の中途で相続が発生した場合の受取家賃の帰属

　前述の民法89条2項では、「法定果実は、これを収取する権利の存続期間に応じて、日割計算によりこれを取得する。」としています。このこと

から、月の中途で相続が発生した場合は、その月の家賃を被相続人の収入と相続人の収入に、日割り計算して配分する必要があるようにみえます。

　一方、所得税法では、「その年分の各種所得の金額の計算上収入金額とすべき金額又は総収入金額に算入すべき金額は、別段の定めがあるものを除き、その年において収入すべき金額」（所法36①）としており、その年中に権利の確定したものを総収入金額等に算入することとしています。更に、所得税基本通達36-5（1）において、不動産所得の総収入金額の収入すべき時期は、別段の定めがある場合を除き、「契約又は慣習により支払日が定められているものについてはその支払日」である旨を定めています。

　たとえば、賃借人との契約において、前家賃、つまり、翌月分の家賃を今月末までに支払を受ける旨、定めている場合に、1月半ばで相続が発生したならば、1月分の家賃は前年12月31日が、2月分の家賃は1月31日が権利確定日となるところから、1月分の家賃は被相続人の収入、2月分の家賃は相続人の収入として計算します。

前家賃の例

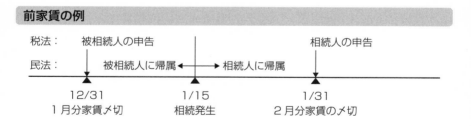

　また、当月分の家賃を当月末までに支払を受ける旨定められている場合に、1月半ばで相続が発生したならば、1月分の家賃は1月31日が権利確定日となりますので、前年12月分の家賃までは被相続人の収入、1月分の家賃から相続人の収入として計算します。

　となると、上記の例で前家賃での契約の場合、民法では1月16日から

1月末日までの家賃は相続人に帰属するとしているのにもかかわらず、所得税法ではその期間の家賃は被相続人に帰属することとなり、矛盾は生じないかという疑問が生じます。しかし、税法で定めているのは、あくまでも課税上の取扱いであり、実際の配分等が制約されるわけではありません。

❷ 所得税において家賃等の日割り計算が認められる場合

　国税庁では、上記のような契約上の支払日の収入とするという基準の他に、実は基本通達以外の通達によって、日割り計算による収入計上を認めています。

　個別通達「不動産等の賃貸料にかかる不動産所得の収入金額の計上時期について」（直所2－78、昭48.11.6、国税庁）では、「所得税法第26条第1項《不動産所得》に規定する不動産等の賃貸料の収入金額の計上時期に関する取扱いを下記のとおり定めたから、これによられたい。」として、「不動産等の賃貸料にかかる収入金額は、原則として契約上の支払日の属する年分の総収入金額に算入することとしているが、継続的な記帳に基づいて不動産所得の金額を計算しているなどの一定の要件に該当する場合には、その年の貸付期間に対応する賃貸料の額をその年分の総収入金額に算入することを認める」としています。この特例を使えば、実際の法定果実の帰属と所得税の課税に矛盾が生じるというような問題は解消されます。

　不動産等の賃貸料にかかる不動産所得の収入金額の計上時期をまとめると次の表のようになります。

不動産等の賃貸料にかかる不動産所得の収入金額の計上時期[※1]

原則的処理：契約上の支払日の属する年分の総収入金額に算入[※2]		
例外的処理：その年の貸付期間に対応する賃貸料の額をその年分の総収入金額に算入[※3]		
例外規定適用要件	事業的規模	事業的規模以外
①　継続記帳要件 　　不動産所得を生ずべき業務にかかる取引について、その者が帳簿書類を備えて継続的に記帳し、その記帳に基づいて不動産所得の金額を計算していること	必須	必須
②　前受・未収経理要件 　　その者の不動産等の賃貸料にかかる収入金額の全部について、継続的にその年中の貸付期間に対応する部分の金額をその年分の総収入金額に算入する方法により所得金額を計算しており、かつ、帳簿上当該賃貸料にかかる前受収益及び未収収益の経理が行われていること	必須	必須 （その者の1年以内の期間にかかる不動産等の賃貸料の収入金額の全部について該当）
③　明細書添付要件 　　その者の1年を超える期間にかかる賃貸料収入については、その前受収益又は未収収益についての明細書を確定申告書に添付していること	必須	なし

※1　「不動産等の賃貸料」には、不動産等の貸付けに伴い一時に受ける頭金、権利金、名義書替料、更新料、礼金等は含まれません。

※2　支払日が定められていない場合は、実際に支払を受けた日。
　　　ただし、請求があったときに支払うべきものと定められているものは、その請求の日。

※3　小規模事業者の特例（所法67・所令195）の適用を受ける場合を除きます。

❸ 受取家賃の帰属と管理会社が家賃を取りまとめている場合の注意

　ここで気をつけなければならないのは、家賃の取りまとめを仲介業者が行っている場合です。通常仲介業者が入ると、取りまとめた家賃の振り込み日は、入金日の翌月以降になります。つまり、入金日ベースで考えると、契約による支払を受ける日における支払を受けるべき金額と大きくずれる可能性があります。あくまでも、賃貸借契約でどのように取り決められているかにより、権利確定日を判断しなければなりません。

3 相続発生前後における債務の帰属

　不動産所得の収入金額としての賃貸料の計上時期について検討してきましたが、実際の所得税の申告では、これに対応する費用はどれかという問題もでてきます。収入金額に対応するものであり、相続人が負担したものであれば、所得金額の計算における必要経費の問題となります。一方、租税債務については、相続開始の際、被相続人の租税債務として現に確定しているものかというところで、相続税の債務控除の対象となるかどうかが決まりますので、両者は必ずしも連動していないことに注意する必要があります。

❶ 不動産所得に係る租税債務と債務控除

　不動産所得で問題となるのは、まずは固定資産税となります。固定資産税の納税義務者は、賦課期日（毎年1月1日）に登記簿又は土地補充課税台帳若しくは家屋補充課税台帳に所有者として登記又は登録されている者をいうため（地法343②）、相続開始年分において、被相続人が所有していた固定資産に課された固定資産税を相続人が負担した場合、他の要件を満たすならば、相続税額の計算において債務控除の対象となります（相法13①）。

　また、不動産取得税については、不動産の取得に対し、その不動産所在の道府県において、その不動産を取得した者に課されることとなります（地法73の2①）。一般に不動産取得税はその不動産を取得してから、納税通知書が届くまでタイムラグがありますが、被相続人が取得した不動産に係る不動産取得税ならば、相続開始後に納税通知書が届いたとしても、実際にそれを負担した人の債務控除の対象となります。

　なお、不動産の取得が、相続を原因とするものであったならば、不動産取得税の課税対象とはなりません。

❷ 不動産所得に係る租税公課と必要経費

　その年分の不動産所得の金額の計算上必要経費に算入すべき販管費の金額は、少なくともその年において債務の確定したものの額となりますので（所法37①カッコ書き）、租税公課についても、債務がいつ確定するかが問題となります。

　不動産取得税については、納税通知書を実際に受け取った時に債務が確定することになりますので、被相続人が取得した不動産についての納税通知書であっても、被相続人の生前に届いたものだけが、被相続人の準確定申告における不動産所得の必要経費となり、被相続人の死後届いたものは、相続人のその不動産所得の必要経費となります。

　これは、固定資産税についても同様です。被相続人の死亡日より後の日付で交付された相続財産に対する固定資産税の納税通知書に係る租税債務は、被相続人の準確定申告の計算上必要経費に算入することはできないとされた裁決例があります（平12.11.15裁決・仙裁（所）平12-8・F0-1-013）。

> 　納税者は、平成11年3月7日に死亡した納税者の夫（被相続人）の共同相続人の1人である。納税者は、他の共同相続人4名と

ともに、被相続人の平成10年分及び平成11年分の所得税について、青色の確定申告書等を提出した（準確定申告）。なお、被相続人は次のような賃貸不動産を保有しており、相続開始後に課された固定資産税等は次の通りである。

a　被相続人の平成11年分の所得税の不動産所得に係る賃貸不動産（以下、「本件賃貸不動産」という。）は、被相続人が所有する家屋及び土地のほか、当該家屋の敷地の用に供されている土地の一部は、納税者あるいは納税者の子であるBの所有である。

b　P県Q市長名の平成11年度固定資産税・都市計画税納税通知書は、平成11年4月1日付であり、被相続人、納税者及びBの同年度の固定資産税等の年税額は、被相続人が1,089,300円、納税者が156,100円及びBが10,000円であった。

c　R県S市長名の平成11年度固定資産税・都市計画税納税通知書は、平成11年6月1日付であり、被相続人の同年度の固定資産税等の年税額は4,493,100円であった。

相続人らは、本件不動産所得の計算上、上記b及びcの固定資産税等のうち本件賃貸不動産に係る年税額の合計5,497,527円（以下、「本件固定資産税等の額」という。）を必要経費に算入した。原処分庁は、本件固定資産税等の額は、被相続人に係る平成11年分の不動産所得の計算上必要経費に算入することはできないとして、平成11年10月18日付で、所得税の更正処分等をした。納税者はこれを不服として審査請求に及んだ。

　この裁決例は、請求人の亡夫の不動産所得の計算に当たり、固定資産税及び都市計画税を必要経費に算入することができるか否かを主たる争点とする事案です。

　審判所は、所得税法37条1項は、その年分の不動産所得の金額、事業

所得の金額又は雑所得の金額の計算上必要経費に算入すべき金額は、総収入金額を得るために直接に要した費用の額及びその年における一般管理費その他所得を生ずべき業務について生じた費用（償却費以外の費用でその年において債務の確定しないものを除く。）の額とする旨規定しており、一般的には、上記所得の金額の計算上必要経費に算入できる額は、償却費を除くと、その年において費用として支払うべき債務が確定しているものであり、ⅰ）その年の12月31日（年の途中で死亡した場合は、死亡の時。以下同じ。）までに当該費用に係る債務が成立していること、ⅱ）その年の12月31日までに当該債務に基づいて具体的な給付をすべき原因となる事実が発生していること、ⅲ）その年の12月31日までにその金額を合理的に算定することができるものであることの要件の全てに該当するものであることと解されていことを確認しました。

　そしてそのうえで、「しかしながら、固定資産税等のような租税については、関係法令に課税団体、納税義務者、課税物件、課税標準、課税物件の帰属、税率等の課税要件はもとより、納付、徴収等の手続について厳格に定められており、これら一定の課税手続に従ってその額が確定するものであるから、一定の課税手続に従って納税義務が具体的に確定した時点で債務確定の要件を満たすこととなると解するのが相当である」としました。

　そこで、地方税法は、固定資産税等の賦課徴収手続について、固定資産税にあっては、原則として、毎年3月1日から20日以上の期間、課税要件事実を記載した固定資産税課税台帳を縦覧に供し、その縦覧期間の経過の後、具体的な納付義務の確定方法として、納税者が納付すべき地方税について、その賦課の根拠となった法律及び当該地方団体の条例の規定、納税者の住所及び氏名、課税標準額、税率、税額、納期、各納期における納付額、納付の場所並びに納期限までに税金を納付しなかった場合において執られるべき措置及び賦課に不服がある場合における救済の方法を記載した納税通知書を納税者に交付して行うこととされており、都市計画税に

あっては、固定資産税を賦課し及び徴収する場合に併せて賦課・徴収でき
るとされ、この場合、固定資産税の賦課・徴収の例によるものとされてい
るとし、このように、地方税法は、固定資産税等の課税標準及び税額の確
定は賦課課税方式による旨規定しており、そして、賦課課税方式とは、一
定の要件を具備した場合に課税権者がその権限に基づき、課税標準及び納
付すべき税額を計算し、これを納税義務者に通知することにより納税義務
が確定する方法であるとしました。

　したがって、納税通知書は、課税標準及び税額を確定する賦課決定たる
行為を有するとともに、納付を命ずる行為としての意義を持つものであっ
て、その効力は、その納税通知書が納税義務者に交付された時に生ずると
解するのが相当であるとし、上記に照らして本件についてみると、本件固
定資産税等の額に係る納税通知書は、Q市分が平成11年4月1日付、S
市分が平成11年6月1日付となっており、当該日付が被相続人が死亡し
た日よりも後であることから、被相続人の死亡日現在で本件固定資産税等
の額に係る債務が確定していないことは明らかであり、したがって、本件
固定資産税等の額は、本件不動産所得の金額の計算上必要経費に算入する
ことはできないこととなるとしました。

　なお、地方税法359条に規定する固定資産税の賦課期日とは、課税客
体、納税義務者、課税団体など各種の課税要件が確定する時点を指すもの
で、その段階では、納税義務が抽象的に成立するにとどまり、また、同法
415条1項の規定による固定資産税課税台帳の縦覧は、賦課処分を適法な
らしめるために、固定資産税課税台帳に登録された事項を確定させる手続
と解されているから、それにより当該租税債務が確定するものではなく、
固定資産税等の納税義務は、納税通知書が交付されることにより具体的に
確定すると解すべきであるとしました。

　この裁決によっても、固定資産税や不動産取得税のような賦課課税され

る地方税の租税債務は、実際に納税通知書の交付によりその額が具体的に確定するということになります。

　ところで、固定資産税については、毎年4月に納税通知書が送付され、また、その納税期限は4回、多くは、4月末日、7月末日、12月末日、翌2月末日に到来します。したがって、この固定資産税を必要経費に計上する基準は3つあります。

ア　納税通知書到来日基準

　納税通知書到来日において、1年分の固定資産税を不動産所得の必要経費とします。その固定資産税が、未納であるかどうかを問いません。

イ　納付基準

　実際に納付した固定資産税を必要経費とします。

ウ　納期限到来日基準

　納期限が到来した固定資産税を必要経費とします。

　相続人の不動産所得の必要経費とできるかどうかについて、たとえば第2期まで納付しているとすれば、次の表のようになります。

納付期	第1期	第2期	第3期	第4期
納付期限日	4月末日	7月末日	12月末日 →実際は休日のため翌1月4日	翌2月末日
実際の納付	納付	納付	未納付	未納付
納税通知書 到来日基準	○	○	○	○
納付基準	○	○	×（翌年）	×（翌年）
納期限 到来日基準	○	○	○	×（翌年）

❸ 固定資産税を納付する者

　遺産分割協議成立前において、実際に被相続人の固定資産税を納付するのは、市町村から納税通知書が送られてきた者であることもよく見受けられます。固定資産税の納税義務者に相続が発生した場合は、賦課期日現在においてその資産を「現に所有している者」を納税義務者とします（地法343②）。しかし、「現に所有している者」が誰であるかを市町村が調査するためには多大な時間と労力を要し、また、実際は被相続人の配偶者、相続人のうち親等の近い者、同居人、死亡届を提出した者宛に納税通知書が送られてきました。

　そのような場合、納税通知書の送付先と実際の使用者が異なることもあり、また、遺産分割協議により、その不動産を別の者が取得することもあります。

　そこで、令和2年度の税制改正により、固定資産税等の現所有者申告制度が設けられました（地法384の3）。この制度は、土地・家屋の所有者に相続が発生した場合、法定相続人（亡くなった方の配偶者、子など）や遺産分割・遺言などにより土地・家屋を所有することになった者（「現所有者」といいます）は、現所有者申告書と先順位法定相続人がいないことが確認できる書類や遺産分割協議書等の添付書類を、3ヶ月以内に、土地・家屋が所在する市町村に対し、提出することを求めるものです。この法律に基づき条例を制定している市町村は、不動産登記簿の名義が変更されるまでは、申告に基づき、現所有者に固定資産税等を課税することとなります。この制度は令和3年4月から開始されています。

　なお、現所有者が複数人いる場合は、現所有者全員に申告義務がありますが、代表者が複数の現所有者をまとめて申告することもできます。その場合の納税通知書は、代表者に送付されます。

❹ 租税債務以外の費用の帰属

　租税債務以外にも、相続財産に関して費用が発生します。たとえば、相続財産についての火災保険料や相続不動産の保存登記費用、相続財産を修理するために必要な費用などの相続財産の保全費用があります。また、相続財産に関する費用とは性質が異なりますが、水道光熱費等の公共料金等や賃貸不動産に関する管理手数料もあります。

　民法では、885条で相続財産に関する費用について「相続財産に関する費用は、その財産の中から支弁する」と定めています。この「相続財産に関する費用」は、「相続が発生した後の遺産分割によって誰がどの財産を相続するかが決まるまで」の期間に、相続財産に関して発生した費用のことを指します。民法では、相続財産に関する費用は、被相続人が負担していた債務ではなくても「相続財産が負担する債務」という意味で、相続債務の一種と考えていることがわかります。

　一方、相続税法では13条において「債務控除」について規定しており、相続財産に関する費用については、「債務控除できる費用に該当しない」と定めています。それは、相続財産の計算をするときに、被相続人にかかる確定債務ではない費用は控除することができないことによります。

　ところで、不動産所得の金額の計算上、必要経費に算入すべき金額のなかに償却費がありますが、これについて2点注意点があります。

　1つは、相続により取得した本件資産の減価償却費の計算における耐用年数は、耐用年数省令3条1項の中古資産に係る見積もりによる使用可能期間に基づく年数とすることはできないこと、もう1つは、相続により取得した減価償却資産について、償却方法は引き継がないということです。

　相続等により取得した資産について、所得税法施行令126条2項《減価償却資産の取得価額》の規定では、所得税法60条1項《贈与等により取得した資産の取得費等》に規定する相続等により取得した資産が減価償却資産である場合の取得価額は、その減価償却資産を取得した者が引き続き

所有していたものとみなした場合におけるその減価償却資産の取得価額に相当する金額とするとしています。

　また、所得税法60条1項の規定は、同項に規定する相続等によって取得した資産を譲渡した場合における譲渡所得等の金額の計算については、その取得をした者が引き続きその資産を所有していたものとみなすとしています。

　したがって、相続により取得した資産について、耐用年数省令3条1項の規定に基づき算出した年数により減価償却費を計算することはできず、被相続人から取得価額、耐用年数、経過年数及び未償却残高を引き継いで減価償却費を計算することになります。

　一方、所得税法施行令126条2項では、償却方法を引き継ぐとはしていません。相続による減価償却資産の「取得」も、自己の購入や建設による「取得」と同様に、施行令120条の2第1項の取得に含まれる（所基通49-1）ことから、償却方法は施行令120条の2の規定により、相続人が選定する方法によって減価償却費の計算をすることになり、新たに業務を始めた場合には、法定の償却方法を採用する場合を除き、減価償却の方法を選定してその翌年の3月15日までに所轄の税務署長に届け出なければなりません。

4 法定果実の分割と民事上の取扱い

　遺産が未分割な状態のときに発生した受取家賃等の法定果実について、実際に遺産分割協議が成立した後、誰に帰属するのかという疑問があります。

　相続開始により、相続人は被相続人の財産に属した一切の権利義務を承継し、各共同相続人は、その相続分に応じて被相続人の権利義務を承継することから、相続財産に係る法定果実についても、各共同相続人は、原則

として法定相続分に応じて取得することになります（民896・899）。

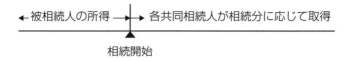

そして、遺産分割により、共同相続の対象となった相続財産を相続分に応じて分割し、各相続人の単独財産に決定することから、法定果実についても、その法定果実に係る相続財産を取得した相続人が取得することとなります。

ところで、民法909条は、「遺産の分割は、相続開始の時にさかのぼってその効力を生ずる。」とあります。となると、遺産分割未了時に、各共同相続人が法定相続分に応じて取得した法定果実についても、遡って、その法定果実に係る相続財産を取得した相続人が取得することとなるのかどうか、疑問が生じます。

先述のように相続財産に賃貸不動産があるときに、その賃貸不動産から生ずる家賃収入の帰属を考えた場合、実務的には、遺産分割によりその賃貸不動産を取得した者が、その家賃収入を取得することが多いと思います。また、遺産分割について争いがあり、調停や審判などを経た場合には、家賃収入の帰属を含めて全員で合意することとなるため、問題は生じ

ません。

　しかし、そのような合意がない場合、民法ではどのように判断するのでしょうか。

　この件に関し、相続開始から遺産分割までの間に遺産である賃貸不動産から生ずる賃料債権は、各共同相続人がその相続分に応じて分割単独債権として確定的に取得するものと解するのが相当であり、後にされた遺産分割の影響を受けないとし、原判決を破棄し、差し戻しを命じた最高裁判決があります（最（一小）判平 17.9.8・最高裁判所民事判例集 59 巻 7 号 193 頁）。

　事実関係の概要は次のとおりです。

---

① 　Aは、平成 8 年 10 月 13 日に死亡し、その法定相続人は、妻である被上告人のほか、子である上告人、B、C及びD（以下、この 4 名を「上告人ら」という。）である。

② 　被上告人及び上告人らは、Aの遺産である各不動産（以下「本件各不動産」という。）から生ずる賃料、管理費等について、遺産分割により本件各不動産の帰属が確定した時点で清算することとし、それまでの期間に支払われる賃料等を管理するための銀行口座（以下「本件口座」という。）を開設し、本件各不動産の賃借人らに賃料を本件口座に振り込ませ、また、その管理費等を本件口座から支出してきた。

③ 　大阪高等裁判所は、平成 12 年 2 月 2 日、同裁判所平成 11 年（ラ）第 687 号遺産分割及び寄与分を定める処分審判に対する抗告事件において、本件各不動産につき遺産分割をする旨の決定（以下「本件遺産分割決定」という。）をし、本件遺産分割決定は、翌 3 日、確定した。

④ 　本件口座の残金の清算方法について、被上告人と上告人らとの間

に紛争が生じ、被上告人は、本件各不動産から生じた賃料債権は、相続開始の時にさかのぼって、本件遺産分割決定により本件各不動産を取得した各相続人にそれぞれ帰属するものとして分配額を算定すべきであると主張し、上告人らは、本件各不動産から生じた賃料債権は、本件遺産分割決定確定の日までは法定相続分に従って各相続人に帰属し、本件遺産分割決定確定の日の翌日から本件各不動産を取得した各相続人に帰属するものとして分配額を算定すべきであると主張した。

⑤　被上告人と上告人らは、本件口座の残金につき、各自が取得することに争いのない金額の範囲で分配し、争いのある金員を上告人が保管し（以下、この金員を「本件保管金」という。）、その帰属を訴訟で確定することを合意した。

訴訟では、被上告人が、上告人に対し、被上告人主張の計算方法によれば、本件保管金は被上告人の取得すべきものであると主張して、上記合意に基づき、本件保管金及びこれに対する訴状送達の日の翌日である平成13年6月2日から支払済みまで民法所定の年5分の割合による遅延損害金の支払を求めるものであった。そして原審は、上記事実関係の下で、「遺産から生ずる法定果実は、それ自体は遺産ではないが、遺産の所有権が帰属する者にその果実を取得する権利も帰属するのであるから、遺産分割の効力が相続開始の時にさかのぼる以上、遺産分割によって特定の財産を取得した者は、相続開始後に当該財産から生ずる法定果実を取得することができる。そうすると、本件各不動産から生じた賃料債権は、相続開始の時にさかのぼって、本件遺産分割決定により本件各不動産を取得した各相続人にそれぞれ帰属するものとして、本件口座の残金を分配すべきである。これによれば、本件保管金は、被上告人が取得すべきものである。」と判断し、被上告人の請求を認容すべきものとした。

　これに対し、最高裁では、原審の判断は是認することができないので、原判決は破棄を免れないとし、本件については、更に審理を尽くさせる必要があるから、本件を原審に差し戻すこととするとしました。その理由は、次のとおりです。

　「遺産は、相続人が数人あるときは、相続開始から遺産分割までの間、共同相続人の共有に属するものであるから、この間に遺産である賃貸不動産を使用管理した結果生ずる金銭債権たる賃料債権は、遺産とは別個の財産というべきであって、各共同相続人がその相続分に応じて分割単独債権として確定的に取得するものと解するのが相当である。遺産分割は、相続開始の時にさかのぼってその効力を生ずるものであるが、各共同相続人がその相続分に応じて分割単独債権として確定的に取得した上記賃料債権の帰属は、後にされた遺産分割の影響を受けないものというべきである。

　したがって、相続開始から本件遺産分割決定が確定するまでの間に本件各不動産から生じた賃料債権は、被上告人及び上告人らがその相続分に応じて分割単独債権として取得したものであり、本件口座の残金は、これを前提として清算されるべきである。」

　つまり、法定果実である賃料債権は、遺産とは別個の財産であって、遺産分割が遡及適用されるとしても、法定果実はその影響を受けないとしたものです。

5 未分割財産に係る法定果実についての所得税の申告

❶ 家賃と未分割申告

　相続財産について遺産分割が確定していない場合のその相続財産から生じる所得の取扱いについて、国税庁ホームページタックスアンサー（No.1376「不動産所得の収入計上時期」）には、次のようにあります。

> 　相続財産について遺産分割が確定していない場合、その相続財産は各共同相続人の共有に属するものとされ、その相続財産から生ずる所得は、各共同相続人にその相続分に応じて帰属するものとなります。
>
> 　したがって、遺産分割協議が整わないため、共同相続人のうちの特定の人がその収益を管理しているような場合であっても、遺産分割が確定するまでは、共同相続人がその法定相続分に応じて申告することとなります。
>
> 　なお、遺産分割協議が整い、分割が確定した場合であっても、その効果は未分割期間中の所得の帰属に影響を及ぼすものではありませんので、分割の確定を理由とする更正の請求又は修正申告を行うことはできません。

　このタックスアンサーからは、少なくとも3つのことが読み取れます。

ⅰ）相続財産から生ずる所得は、未分割期間中は共同相続人がその法定相続分に応じて申告すること。

ⅱ）未分割期間中の所得を法定相続分に応じて申告した後は、遺産分割が成立しても、遡って申告内容の修正はできないこと。

ⅲ）未分割期間中の収益を実際は誰が管理したかと所得税の申告は別であること。

　このⅱ）について、実務上は、相続開始年分に分割が成立した場合、当初申告から分割取得した相続人の所得として申告することもよく行われてきたようです。しかし、平成17年の最高裁判決から、所得の帰属関係は明白ですので、遺産分割前の所得について、遡って遺産分割の効果を反映させることは間違いといえます。各税務署が確定申告前の研修会等で配布する間違いやすい事例集などでも、遺産分割前の期間については、相続人の共有として申告するというのが正しい旨が明記されています。

　更に、ⅲ）について、最終的にその賃貸不動産を取得しない相続人につ

いて、共有状態にあったときの家賃の配分を受けないとしても、所得税の申告納付義務だけ生じることとなります。未分割時の家賃の帰属関係は、先の最高裁判決で明白ですので、家賃の配分をしないということは、贈与税の課税関係が生じる可能性もあります。

　実務的には、遺産分割の際にその分を加味した話し合いが行われることも多いようです。しかし、税務的には、遺産分割はあくまでも相続財産について行われるものであって、相続財産に該当しない法定果実の収得の問題は、遺産分割ではなく、法定果実からくる損益の分配として、別個解決すべきということになります。つまり、法定果実分を心情的に加味して成立させた遺産分割ならば問題とされることはありませんが、法定果実の金額を明らかにしてその金額を加減しそのことを明記したような場合は、その部分は遺産分割から外して、相続税の申告を行うべきとなります。

❷ 指定分・寄与分

　法定果実の帰属の問題として、法定相続分を念頭に論じてきましたが、最高裁判決では、正しくは「相続分」の割合により賃料を分割取得するとしています。この相続分については、法定相続分だけでなく、遺言による指定がある場合には指定相続分、特別受益を考慮した上での相続分、それに加え寄与分も考慮した上での相続分（具体的相続分）について、どのように取り扱われるか疑問が生じます。

　相続分の指定とは、遺言により、共同相続人の全部又は一部の者について、法定相続分の割合とは異なった割合で相続分を定め、またはこれを定めることを第三者に委託することをいいます（民902）。通常は、「甲野春子、甲野一郎、甲野二郎の相続分を各3分の1ずつとする」とか、「甲野春子に遺産の50％、甲野一郎に30％、甲野二郎に20％を与える。」などというように、相続財産全体に対する割合で指定がなされます。特に近しい者がいる場合は、このような指定がなされることもありそうです。

　相続分の指定がなされると、法定相続分に優先して各共同相続人の相続分が定まります。相続分の指定がなされただけの場合には、各遺産の最終的な帰属先はまだ未確定なため、共同相続人は、指定相続分に基づいて遺産分割をする必要があります。また、民法899条には、「各共同相続人は、その相続分に応じて被相続人の権利義務を承継する。」とあることから、相続分の指定がなされた場合は、未分割時の法定果実の帰属は、指定相続分によることになります。

　また、義務についても指定相続分に応じた負担割合となると考えられますが、それはあくまでも相続人の内部関係においての話であり、相続債務については、相続分の指定がなされた場合でも、債権者は相続分の指定に拘束されず、法定相続分に従って請求することができると考えられています（民902の2）。

　これに対し、民法では具体的相続分として、特別受益と寄与分を認めています。

　特別受益とは、相続人が被相続人から生前に贈与を受けていたり、相続開始後に遺贈を受けていたり、特別に被相続人から利益を受けていることをいいます。特別受益を受けたものが共同相続人の中にいる場合に、法定相続分どおりに相続分を計算すると、不公平な相続になってしまいます。このような不公平な状態を是正するため民法903条で特別受益がある場合の相続分の計算が規定されています。

　寄与分とは、被相続人の財産形成に貢献してきた相続人、又は被相続人の療養看護に努めてきた相続人等、被相続人の生前に被相続人に対して何らかの貢献をしてきた相続人と、他の相続人との公平さを図るために設けられた制度のことです。

　寄与分がある相続人は、法定相続分に寄与分の額が上乗せされます。つまり通常の法定相続分の計算からは少し計算方法が変化します。民法904条の2では、「共同相続人中に、被相続人の事業に関する労務の提供又は

財産上の給付、被相続人の療養看護その他の方法により被相続人の財産の維持又は増加について特別の寄与をした者があるときは、被相続人が相続開始の時において有した財産の価額から共同相続人の協議で定めたその者の寄与分を控除したものを相続財産とみなし、第900条【法定相続分】から第902条【遺言による相続分の指定】までの規定により算定した相続分に寄与分を加えた額をもってその者の相続分とする。」とあります。

　このような寄与分や特別受益を考慮した計算方法によって出された相続分を具体的相続分といいます。

　特別受益と寄与分については、未分割時の法定果実の帰属に影響させるべきかどうかは、先の最高裁判決でも明らかになっていません。しかし、民法では相続分として、これらを含めて規定していますから、それを加味したところで税務申告をした場合、それは認められるべきものと考えます。

❸ 限定承認をした場合

　相続が開始した場合、相続人は次の3つのうちのいずれかを選択できます。

　1つは、相続人が被相続人の権利・義務を全て受け継ぐ単純承認であり、1つは、相続人が被相続人の権利や義務を一切受け継がない相続放棄、そうしてもう1つは、被相続人の債務がどの程度あるか不明ではあるが、財産と債務を比べると財産の方が多くなる可能性がある場合等に、相続人が相続によって得た財産の限度で被相続人の債務の負担を受け継ぐ限定承認です（民922）。

　これまでは、単純承認の場合を前提に論じてきましたが、ここでは限定承認をした場合の法定果実の取扱いについて取り上げます。

　まず、相続人が限定承認をする場合は、相続放棄をした相続人以外の相続人全員が共同で、自己のために相続の開始があったことを知ったときから3か月以内に、家庭裁判所にその旨の申述をすることになります。そし

て、限定承認者又は相続財産管理人は、相続財産の清算手続きを行います。

　限定承認をした場合の法定果実の取扱いとして、国税庁のホームページに「限定承認をした相続財産から生じる家賃」という次の質疑応答事例が掲載されています。

【照会要旨】

　相続人であるＡ及びＢは、民法第922条《限定承認》に規定する限定承認をすることとしました。

　ところで、相続財産の中には貸家が含まれており、毎月家賃収入が生じていますが、この収入は相続人であるＡ及びＢに対する所得として課税されますか。

【回答要旨】

　相続人であるＡ及びＢに対する所得として課税されます。

　限定承認とは、被相続人の残した債務等を相続財産の限度で支払うことを条件として相続を承認する相続人の意思表示による相続形態をいい、いわば条件付の相続にすぎず、その相続財産から生じる果実に対する課税関係については、単純承認の場合と特に異なる取扱いをする必要は認められません。

　なお、相続財産から生じる所得は、それぞれの相続人の相続持分に応じて課税されます。

　この回答について、限定承認の結果、貸家を相続人が取得できずに、競売に至った場合もそうなのか等の疑問が残ります。そこで、限定承認の手続きをもう少しみていきます。

　限定承認をするためには、被相続人の最後の住所地を管轄する家庭裁判所に対して、限定承認の申述をしなければなりません。この申述は、限定承認の申述書という書面に相続財産目録を添付して提出する方法によって

行います。

　限定承認の申述書を提出した後、家庭裁判所がその申述を受理するとの判断がされたら、申述受理の審判がなされ、家庭裁判所から限定承認受理について通知書が送られてきます。

　次に共同相続人がいる場合には、家庭裁判所によって、申述受理審判と同時に相続財産管理人選任の審判がなされ、共同相続人のうちの１人が相続財産管理人に選任されることになります。そして、相続人が１人の場合は限定承認者が、それ以外の場合は相続財産管理人が、相続財産の清算手続きを始めます。

　具体的には、まず、限定承認者は、受理審判後５日以内に「限定承認をしたこと及び一定の期間内にその請求の申出をすべき旨」を官報に公告します。相続財産管理人の場合は、10日以内に上記官報公告をします。また、知れたる債権者に対しては、別途、請求申出の催告書を配達証明付きの内容証明郵便で郵送します。

　請求申出の官報公告・催告をした後は、限定承認者又は相続財産管理人は、相続財産を管理しつつ、それを順次、換価処分していきます。もっとも、相続人には先買権がありますので、財産を取得したい者がいる場合は、家庭裁判所に対して、鑑定人選任申立てをして、選任された鑑定人にその相続財産を鑑定評価してもらい、その金額を相続人が自身の固有財産から支払うことができれば、その相続財産を取得することができます。

　官報公告期間が満了し、相続財産を全て換価処分したならば、限定承認者又は相続財産管理人は、その金銭を請求申出をしてきた相続債権者に弁済していくことになり、全ての債権者に全額支払い切れない場合には、それぞれの債権額の割合に応じて按分弁済することになります。請求申出をした受遺者がいる場合には、相続債権者への弁済をしてなお余りがあった場合に、相続債権者への弁済の後に弁済します。

　請求申出をしてきた相続債権者及び受遺者に対しての弁済をしてもな

　お、相続財産にプラスがある場合には、その残余財産の処理が必要となります。官報公告期間中に請求申出をしなかった相続債権者や受遺者で、限定承認者又は相続財産管理人が知らなかった者から請求があった場合には、残余財産から弁済をすることになります。なお残余財産があれば、限定承認者がそれを取得し、共同相続人がいれば、遺産分割をすることになります。

　一方、所得税法では、限定承認に係る相続により居住者の有する山林（事業所得の基因となるものを除きます）又は譲渡所得の基因となる資産の移転があった場合には、その者の山林所得の金額、譲渡所得の金額又は雑所得の金額の計算については、その事由が生じた時に、その時における価額に相当する金額により、これらの資産の譲渡があったものとみなすとしています（所法59①）。これを先ほどの手続きと照合していきます。

限定承認手続き	財産の移動	課税関係等
① 相続開始	被相続人から相続人へ財産が移動	被相続人の譲渡所得発生
② 限定承認の申述		
③ 限定承認の受理		
④ 清算手続き開始		
⑤ 先買権の行使又は競売	換価手続きの対象となった場合は相続人から取得者へ財産が移動	共同相続人について譲渡所得（原則零）発生
⑥ 清算手続き終了		
⑦ 残余財産について分割	換価手続きの対象とならなかった場合に共有から単独所有に	相続税の申告

　そうすると、表の①～⑤又は①～⑦の間は、相続財産は共同相続人間で共有となっていることになり、この間に生じた法定果実は、共同相続人が相続分にしたがって、取得するということになります。そこで、上述の照会事例の結論、「相続財産から生じる所得は、それぞれの相続人の相続持分に応じて課税されます。」ということになるのです。

❹ 実際の申告における注意点－青色申告

　青色申告をしていた被相続人の業務を承継する場合、その業務を引き継ぐ相続人が被相続人と同様に青色申告を選択するのであれば、被相続人の死亡による準確定申告書の提出期限である相続の開始を知った日の翌日から4ヶ月以内（ただし、その期限が青色申告の承認があったとみなされる日後に到来するときは、その日）までに「青色申告承認申請書」を納税地の所轄税務署長に提出する必要があります。

　青色申告の承認を得ることにより、所得税の計算では、青色申告特別控除、青色事業専従者給与、貸倒引当金の繰入、純損失の繰越しと繰戻しの適用を受けることができるようになります。また、従業員の数が常時1,000人以下であれば、取得価額が30万円未満である減価償却資産を取得などして事業の用に供した場合には、その取得価額に相当する金額を損金の額に算入することができます。

　青色申告承認申請書の提出期限は、被相続人が青色申告をしていたかどうかにより変わってきます。通常の場合もあわせて、青色申告承認申請書の提出期限は次のようになります。

青色申告承認申請書の提出期限（所法144）

区　　　　　分			青色申告承認申請書の提出期限
原則（下記以外）			青色申告の承認を受けようとする年の3月15日
その年の1月16日以後に新規に業務を開始した場合			業務を開始した日から2ヶ月以内
被相続人の業務を承継した場合			
	被相続人が白色申告者であり、その年の1月16日以後に業務を承継した場合		業務を承継した日から2ヶ月以内
	被相続人が青色申告者である場合（所基通144-1）		
		死亡の日がその年の1月1日から8月31日	死亡の日から4ヶ月以内
		死亡の日がその年の9月1日から10月31日	その年の12月31日
		死亡の日がその年の11月1日から12月31日	翌年の2月15日

　収益不動産を誰が取得するかはっきりしている場合はその取得をする者が承認を受けることになりますが、誰が取得するか不明な場合や、未分割期間が長引きそうな場合は、とりあえず共同相続人全員が承認申請書を提出しておくというのも、一つの実務的な対応となります。

❺ 実際の申告における注意点－共有物件

　共有資産が減価償却資産である場合に、10万円未満の少額資産の特例又は30万円未満の中小企業者の少額減価償却資産の特例を適用する際の取得価額はどのようになるかという疑問があります。これは、共有者全員の取得価額で判定するのではなく、自己の持分に対応する部分の価額により判定することとなります。

　また、修繕費と資本的支出の区分における20万円又は60万円の判定も、同様に自己の持分に対応する部分の価額により判定することとなります（所基通37-12・37-13）。

2 消費税法上の問題

1 相続で事業を引き継いだ場合の納税義務

　賃貸不動産を相続した場合、特に事業用貸家物件が多いときは、所得税だけでなく、消費税の課税関係についても留意する必要があります。

　タックスアンサーには「相続で事業を引き継いだ場合の納税義務について」（No.6602・国税庁ホームページ）という項目があり、免税事業者である相続人が相続により被相続人の事業を承継した場合における相続人の納税義務を次のように示しています。

① 相続があった年
ア　相続があった年の基準期間における被相続人の課税売上高が1,000万円を超える場合は、相続があった日の翌日からその年の12月31日までの間の納税義務は免除されません。
イ　相続があった年の基準期間における被相続人の課税売上高が1,000万円以下である場合は、相続があった年の納税義務が免除されます。ただし、この場合であっても、相続人が課税事業者を選択しているときは納税義務は免除されません。

② 相続があった年の翌年又は翌々年
ア　相続があった年の翌年又は翌々年の基準期間における被相続人の課税売上高と相続人の課税売上高との合計額が1,000万円を超える場合は、相続があった年の翌年又は翌々年の納税義務は免除されません。

イ　相続があった年の翌年又は翌々年の基準期間における被相続人の課税
　　売上高と相続人の課税売上高との合計額が 1,000 万円以下である場合
　　は、相続があった年の翌年又は翌々年の納税義務が免除されます。ただ
　　し、この場合であっても、相続人が課税事業者を選択しているときは納
　　税義務は免除されません。

（注 1）　相続人には、相続があった日の属する年の基準期間において事業を行っ
　　　　ていない者も含みます。

（注 2）　被相続人の事業を承継した場合とは、相続により被相続人の行ってい
　　　　た事業の全部又は一部を継続して行うため財産の全部又は一部を承継し
　　　　た場合をいいます。

（注 3）　被相続人が提出した課税事業者選択届出書、課税期間特例選択等届出
　　　　書又は簡易課税選択届出書の効力は、相続により被相続人の事業を承継
　　　　した相続人には及びませんので、相続人がこれらの規定の適用を受けよ
　　　　うとするときは、新たにこれらの届出書を提出しなければなりません。

　以上が免税事業者の判定ですが、東京国税局の照会事例では、共同相続
人全員で事業を承継した場合で、遺産分割により免税事業者の判定が変
わってくることになるのかということを問うています。このような照会者
からの質問に対し、平成 24 年 9 月 18 日付け東京国税局審理課長は、「標
題のことについては、ご照会に係る事実関係を前提とする限り、貴見のと
おりで差し支えありません。」と回答しています。不動産の相続では、し
ばしば問題となる事項ですので、少し長いですが、この照会内容をここに
引用し、検討することにします。

前年に相続があった場合の共同相続人の消費税の納税義務の判定について

別紙 1-1　事前照会の趣旨

1　照会要旨

(1)　私、実母及び実妹は、それぞれに事業を営んでいる個人事業者です。昨年（平成 23 年）4 月に実母（以下「被相続人」といいます。）が亡くなり、今年（平成 24 年）2 月に相続人である私と実妹（以下「私たち」といいます。）で遺産分割協議が成立し、被相続人が営んでいた事業の全てを私が承継することになりました。

　　なお、被相続人が営んでいた事業は、遺産分割協議が成立するまでは私たちが共同して営んでいました。

(2)　私たちのそれぞれの事業収入（課税売上高）は、平成 21 年分課税期間（以下「平成 21 年分」といい、他の年分（課税期間）も同様です。）及び平成 22 年分のいずれの年分においても 1,000 万円以下であることから、これらの年分を基準期間とする平成 23 年分（相続があった年）及び平成 24 年分（相続があった年の翌年）においては、私たちは、消費税法第 9 条《小規模事業者に係る納税義務の免除》第 1 項の規定では免税事業者となります。

(3)　しかしながら、免税事業者である相続人が、一定規模以上の事業を相続した場合には、消費税法第 10 条《相続があった場合の納税義務の免除の特例》により、納税義務は免除されないとされています。

　　被相続人は、経常的に課税売上高が 1,000 万円を超える課税事業者であったことから、私たちは、この規定の適用を受けるものと考えます。

　　私たちは、遺産の分割が行われるまでは、被相続人が行っていた事業を共同で営んでいましたので、平成 23 年分及び平成 24 年分に係る消費税の納税義務の有無を判定するに当たり、消費税法基本通達 1-5-5《共同相続の場合の納税義務》を適用して被相続人の基準期間（平成 21 年分及び平成 22 年分）における課税売上高を法定相続分（それぞれ 1/2）であん分し、消費税法の規定に従い判定した結果、二人ともいずれの年分も免税事業者に該当すると判断しました。

(4)　ところで、民法第 909 条《分割の遡及効》では、遺産の分割は相続開

始の時に遡ってその効力を生ずるとされていますから、私は相続開始の時（相続があった日）に遡って被相続人が営んでいた事業の全てを承継したことになります。

　私の平成23年分及び平成24年分に係る消費税の納税義務の有無について、遺産分割の結果に基づき改めて判定すると、いずれの年分も課税事業者に該当することとなりますが、私は、上記(3)のとおり消費税関係法令に従い判定した結果、免税事業者に該当すると判定していますので、その判定をし直す必要はなく、免税事業者に該当すると取り扱って差し支えないか照会いたします。

別紙 1-2　事前照会に係る取引等の事実関係

2　事実関係

　本件相続に係る相続人は、私と実妹の2名のみであり、法定相続分は各々1/2です。

　また、その余の事実関係は次のとおりです。

(1)　それぞれ営んでいた事業は次のとおりです。

区分	事業内容等
被相続人	農業及び不動産賃貸業（貸店舗）
私	農業及び不動産賃貸業（貸店舗）
実妹	不動産賃貸業（駐車場）

(2)　遺産の分割が行われるまでの間、被相続人が営んでいた事業に供されていた農地及び不動産は被相続人名義のままであり、被相続人が営んでいた農業及び不動産賃貸業を私たちが共同で営んでいました。

　また、私たちは、遺産の分割が行われるまでの間の農業及び不動産賃貸業から生ずる所得については、法定相続分に従い、その収入及び費用の1/2ずつをそれぞれの平成23年分の所得に含め所得税の確定申告をしています。

(3)　被相続人と私たちそれぞれの各年分における課税売上高の状況は、次のとおりです。

（単位：円）

区分 ＼ 年分	平成21年分	平成22年分	平成23年分^(注)
被相続人	13,500,000	13,900,000	4,600,000
私	2,060,000	2,060,000	6,390,000
実妹	200,000	240,000	4,860,000

（注）　平成23年分について、被相続人の課税売上高は、死亡時までのものであり、私たちが、消費税法第45条第3項に規定する消費税の確定申告をしています。また、私たちの課税売上高には、上記(2)の金額が含まれています。

(4)　被相続人は、平成21年分ないし平成23年分において消費税の課税事業者であり、簡易課税制度の適用を受けていましたが、私たちは、平成23年分及び平成24年分は免税事業者に該当すると判定しましたので、消費税に関する各種届出書（課税事業者届出書、簡易課税選択届出書）及び平成23年分の消費税の確定申告書を提出していません。

別紙1-3　事前照会者の求める見解となることの理由

3　照会者の見解となる理由
(1)　消費税法の規定等
①　消費税の納税義務者

事業者（個人事業者及び法人）は、国内において行った課税資産の譲渡等につき消費税を納める義務がありますが、当該事業者のうち、その課税期間に係る基準期間における課税売上高が1,000万円以下である事業者については、納税義務は免除されます（消法5①・9①）。

ところで、消費税の納税義務の判定は当該事業者の「課税期間における課税売上高」でなく、「基準期間における課税売上高」という過去の一定期間における課税売上高により行うこととされています。

これは、消費税は事業者が販売する商品やサービスの価格に含まれて転嫁していくものであることから、その課税期間が課税事業者に該当するかどうか、特に免税事業者から課税事業者となる場合には、事業者自身が事前に予知しておく必要があることによるものと理解しています。

　また、課税事業者となる場合には、消費税法に規定する帳簿の記載など
などが必要となりますのでこれらに対する事前準備や簡易課税制度を選択
する、あるいは免税事業者が課税事業者となることを選択する場合は、
その課税期間の開始の日の前日までに所定の届出書を納税地の所轄税務
署長に提出することなどからも、事前に予知しておく必要があると考え
ます。

② 　相続があった場合の納税義務の免除の特例

　課税事業者が行っていた事業を免税事業者（事業を行っていない者を
含みます。）が相続により承継した場合には、次のとおり、納税義務の免
除の特例が設けられています（消法 10、消基通 1-5-4）。

　イ　その年に相続があった場合（消法 10 ①）

　　その年において相続があった場合において、その年の基準期間にお
ける課税売上高が 1,000 万円以下である相続人（課税事業者を選択し
ている者を除きます。）が、当該基準期間における課税売上高が 1,000
万円を超える被相続人の事業を承継したときは、当該相続人の当該相
続のあった日の翌日からその年 12 月 31 日までの間における課税資産
の譲渡等については、納税義務を免除しないとされています。

　　なお、当該規定は、被相続人の基準期間における課税売上高だけで
納税義務の有無を判定するものですが、相続があった年に、年の途中
から、しかも相続の直後に煩雑な事務処理をしなければならないこと
にならないように配慮されたものと理解しています。

　ロ　その年の前年又は前々年に相続があった場合（消法 10 ②）

　　その年の前年又は前々年において相続により被相続人の事業を承継
した相続人のその年の基準期間における課税売上高が 1,000 万円以下
である場合において、当該相続人の当該基準期間における課税売上高
と当該相続に係る被相続人の当該基準期間における課税売上高との合
計額が 1,000 万円を超えるときは、当該相続人のその年における課税
資産の譲渡等については、納税義務を免除しないとされています。

　　なお、この場合、被相続人の事業に係る「基準期間における課税売
上高」も取り込んで納税義務を判定しますが、相続人及び被相続人の
「基準期間における課税売上高」という過去の一定期間における課税売
上高で判定することとされていることは、上記①と同様に、事業者自

身が事前に予知しておく必要があることによるものと考えます。

③　共同相続の場合の取扱い（消基通1-5-5）

　上記②の規定を適用する場合において、2以上の相続人があるときには、相続財産の分割が実行されるまでの間は被相続人の事業を承継する相続人が確定しないことから、各相続人が共同して被相続人の事業を承継したものとして取り扱うこととされています。この場合において、各相続人のその課税期間に係る基準期間における課税売上高は、当該被相続人の基準期間における課税売上高に各相続人の民法第900条各号《法定相続分》等に規定する相続分に応じた割合を乗じた金額とされています。

　なお、この取扱いは、相続人が数人あるときの相続財産は、その共有に属することとされている民法第898条《共同相続の効力》の規定を踏まえ、承継に係る事業についても、各相続人が共同して承継したものとすることが実情に合うことから、各相続人が共同してその事業を承継したものとして取り扱うことを示したものであると理解しています。

(2)　納税義務の判定

　私は、上記(1)の②及び③に基づき、私自身の平成23年分及び平成24年分に係る納税義務の判定を行いました。

①　平成23年分（相続があった年）

　イ　私の基準期間（平成21年分）における課税売上高

　　206万円　≦　1,000万円

　ロ　私の法定相続分に係る被相続人の基準期間（平成21年分）における課税売上高

　　1,350万円×1/2　＝　675万円　≦　1,000万円

　　したがって、納税義務なし（免税事業者）

②　平成24年分（相続があった年の翌年）

　206万円(a)＋695万円（1,390万円×1/2）(b)＝901万円　≦　1,000万円

　(a)　私の平成22年分の課税売上高

　(b)　私の法定相続分に係る被相続人の基準期間（平成22年分）における課税売上高

　　したがって、納税義務なし（免税事業者）

287

(3)　相続の遡及効による納税義務の再判定の要否

　民法第909条の規定により、遺産の分割は相続開始の時に遡ってその効力を生ずるとされていますから、私の場合、平成24年2月に行った遺産の分割により、相続開始の時、すなわち被相続人が亡くなった平成23年4月に被相続人から全ての財産を相続により承継したこととなります。

　しかしながら、消費税の納税義務者に該当するかどうかは、上記(1)の①及び②のとおり、事業者自らが事前に予知しておく必要があり、また、上記(1)の③のとおり、相続財産が未分割の場合における納税義務の判定方法が示されています。

　このようなことから、消費税法第10条の適用に当たっては、事業者が、判定時点での適正な事実関係に基づき消費税関係法令の規定に従って納税義務が判定されたものである場合にはその判定が認められるものと解するのが相当であると考えます。

　したがって、私の場合には、当初に判定したとおり免税事業者に該当するものと考えます。

　上記の照会事例では、消費税法10条で、特に相続があった場合の納税義務の免除の特例が定められているのは、消費税の納税義務者に該当するかどうかは、事業者自らが事前に予知しておく必要があるからだとしています。そこで、事例と異なり、遺産分割により「私」が被相続人の事業の全てを承継したとするとどのようになるかを考えます。数値は仮に定めたものです。被相続人の共同相続人は2人、単純相続であり、相続分の指定はないものとします。

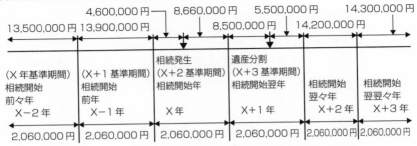

●被相続人の事業についての課税売上高

●相続人「私」のもともとの事業についての課税売上高（被相続人分を含まない）

　この例では、X 年の被相続人の納税義務は、被相続人の基準年度、すなわち X-2 年の課税売上高で判定することから、13,500,000 円 ≧ 10,000,000 円より、被相続人は消費税の納税義務者となります。

　また、X 年の相続人「私」の納税義務は、被相続人の基準年度、すなわち X-2 年の課税売上高に相続分を乗じて計算した金額又は相続人の X-2 年の課税売上高で判定することから、13,500,000 円×1／2＝6,750,000 円＜ 10,000,000 円であることと、2,060,000 円＜ 10,000,000 円であることにより、「私」は免税事業者となります。

　次に X+1 年の「私」の納税義務は、被相続人の基準年度、すなわち X-1 年の課税売上高に相続分を乗じた金額に相続人の X-1 年の課税売上高を加算した金額で判定します。ここで、X+1 年中に遺産分割協議が成立し、「私」が被相続分の事業の全てを承継することとなりましたが、消費税の納税義務はその課税期間開始時に判明している必要があることから、X+1 年開始時の事実関係により判断することになります。つまり、基準年度である X-1 年の課税売上高に相続分を乗じて計算した金額は13,900,000 円×1／2＝6,950,000 円となり、「私」の X-1 年の課税売上高は2,060,000 円となりますので、これらの合計額は 6,950,000 円＋2,060,000 円＝9,010,000 円＜ 10,000,000 円となることから、やはり「私」は免税事業者

となります。

　そしてX+2年の「私」の納税義務についても、被相続人の基準年度、すなわちX年の課税売上高と相続人のX年の課税売上高を加算した金額で判定しますが、X+1年中に遺産分割協議が成立しX+2年開始時には事業を承継する相続人は「私」であると確定しているため、X年の課税売上高に法定相続分は乗じないで判定します。つまり、基準年度であるX年の課税売上高は、被相続人分4,600,000円＋相続人である「私」分、8,660,000円×1／2＋本来の「私」分2,060,000円＝10,990,000円 ≧ 10,000,000円となり、「私」は課税事業者となります。

　ここで、相続開始年分の被相続人の事業のうち、相続発生までの課税売上高については法定相続分を乗じませんが、相続発生から遺産分割成立時までの期間の課税売上高については法定相続分を乗じます。それは、遺産分割の遡及適用の効果は法定果実には及ばないことと、消費税法基本通達1-5-5（共同相続の場合の納税義務）の規定は、事業を承継する相続人が決定していない段階で、被相続人の事業にかかる基準年度の課税売上高をどう取り込むかの規定であることによります。

　なお、東京国税局の照会事例と同趣旨の照会事例として、「相続があった年に遺産分割協議が行われた場合における共同相続人の消費税の納税義務の判定について」（大阪国税局審理課長回答　平成27年3月24日）があります。

② 簡易課税制度と相続

　相続があった場合の簡易課税制度の適用の判定については、課税事業者の判定と異なり特に規定は設けられていません。つまり、相続があった場合の納税義務免除の特例（消法10、消令21）は、納税義務の有無を判断する場合の規定であり、被相続人の基準期間の課税売上高は簡易課税制度

の5,000万円基準（消法37①）の判定に影響しません（消法10・37）。

　これに関係して、組織再編成に関しては、消費税法基本通達13-1-2（合併法人等が簡易課税制度を選択する場合の基準期間の課税売上高の判定）において、「吸収合併又は吸収分割があった場合において、当該吸収合併に係る合併法人又は当該吸収分割に係る分割承継法人の法第37条第1項《中小事業者の仕入れに係る消費税額の控除の特例》に規定する基準期間における課税売上高が5,000万円を超えるかどうかは、当該合併法人又は当該分割承継法人の基準期間における課税売上高のみによって判定するのであるから留意する。」と明記されているのに対し、相続については明記がないため不安に感じる向きもあると思います。

　このことについては、消費税法37条より明白ですが、各国税局における内部研修資料においても、被相続人の基準期間の課税売上高は影響しないと明記されています（情報公開資料「事例集　個人課税関係　平成21年版　誤りやすい事例（消費税2）」大阪国税局　個人課税関係審理事務（Ⅱ）研修資料第3号　平成21年12月1日、TAINSコード消費事例大阪局211202 他）。

　したがって、相続があった場合の簡易課税制度の適用については、選択届出書の提出に関することが、留意すべき事項となります。消費税法基本通達13-1-3の2（相続があった場合の簡易課税制度選択届出書の効力等）では、「相続があった場合における法第37条第1項《中小事業者の仕入れに係る消費税額の控除の特例》の規定の適用は、次のようになるのであるから留意する。」として、以下の事項を挙げています。

①　被相続人が提出した簡易課税制度選択届出書の効力は、相続により当該被相続人の事業を承継した相続人には及ばないこと

　つまり、事業を承継した相続人が簡易課税制度を選択しようとするときは、新たに簡易課税制度選択届出書を提出しなければいけないこととなります。

②　事業を営んでいない相続人が相続により被相続人の事業を承継した場合又は個人事業者である相続人が相続により簡易課税制度の適用を受けていた被相続人の事業を承継した場合の取扱い

　事業を承継した相続人が、相続があった日の属する課税期間中に簡易課税制度選択届出書を提出したときは、その課税期間から簡易課税制度を適用して確定申告を行うことができます。

　ただし、もともと課税事業者に該当する個人事業者が、相続により簡易課税制度の適用を受けていた被相続人の事業を承継した場合は、相続があった日の属する課税期間中に簡易課税制度選択届出書を提出したとしても、簡易課税制度を適用して確定申告を行うことができるのは、その課税期間の翌課税期間からとなります。

中小事業者の納税義務及び簡易課税の判定

		免税事業者である相続人の納税義務の判定		簡易課税制度を選択した相続人の簡易課税制度の適用判定
判定の対象となる基準期間課税売上高	相続があった年	被相続人の課税売上高×相続分[※1]		その相続人の課税売上高
	相続があった年の翌年	被相続人の課税売上高×相続分[※1]＋その相続人の課税売上高		その相続人の課税売上高
	相続があった年の翌々年	被相続人の課税売上高×相続分[※1]＋その相続人の課税売上高[※2]		その相続人の課税売上高[※2]

※1　年初において遺産分割協議が成立していない場合
※2　遺産分割前の資産から生じる分については相続分を乗じた値

X
相続不動産の組み替え

1 債務超過賃貸不動産の処分

1 債務超過不動産とは

保有する賃貸不動産に係る借入金残高が、その不動産の実勢価額を上回る場合があります。これが債務超過不動産です。債務超過となりやすい物件としては、次のようなものがあります。

① 築浅の物件

新築物件は、通常、購入したとたんに不動産価格が大きく下落します。そのため、債務超過の状態になりやすいといえます。

② 価格高騰時に購入した物件

典型的なものとしては、かつてバブル期に購入した物件が該当します。今回のコロナショックで同じような物件が発生している可能性があります。

築浅物件の場合は、収益率がよいため、債務超過不動産となってもむしろ相続税対策上都合がいいとする向きもあります。しかし、税負担や借入金の返済のため、キャッシュがまわらなくなる可能性があります。一方、物件の価値自体が下落したものについては、賃貸料も下げざるを得ず、そうしなければ空室率が下がってしまい、大規模修繕にまわすキャッシュが用意できないという悪循環に陥ってしまいます。

このような物件は処分するか、資産超過高収益でキャッシュフローのよい物件に買い替えることが望ましいでしょう。このままでは、いわゆる「負」動産を子に引き継がせることになりかねません。

② 債務超過不動産の処分

　賃貸不動産を処分する場合は、賃借人付で売却するか、賃借人を退去させて売却するかが問題となります。稼働率がよくなく、建物も老朽化しており、投資物件としての魅力に欠けるようなものである場合は、賃借人を退去させて売却することになります。

　老朽化した建物と土地を売却する場合、古家付で売却するか、古家を取り壊して売却するかという選択になりますが、その他に、買い手が土地だけを買い取る代わりに、古家取壊費用を負担することもあります。その場合は、建物は売買物件として記載されません。となると、建物の残存簿価の取扱いが疑問となります。

　賃貸用建物を取り壊して貸家業を終了させる場合、所得税法上はその取壊費用を不動産所得における資産損失として計上しますが、他の物件があるため事業的規模で賃貸業を継続するならば、損失の繰越や他の所得との損益通算が可能です（事業的規模以外の場合は、資産損失を差し引く前の不動産所得の金額を限度として必要経費に算入）。しかし、この場合は、譲渡するために取り壊すのであるため、不動産所得の経費とはなりません。

　建物は譲渡の対象ではないので、取得費ともなりません。つまり、残存簿価は譲渡費用として計上することになります。

2 底地対策

　底地については収益性がよくなく、また処分が難しく、通常の取引としては、借地人くらいしか買い取る者はいません。あるいは買いたたかれるのを承知の上で、専門業者に売却することになります。

　被相続人が底地を保有したまま相続が発生した場合、誰も引き取り手がないため、共同相続人全員で共有で相続し、そのままその権利を放棄したいとするケースがあります。安い地代と引換に、管理する責任を負うことを嫌ったという理由によります。

　この場合、借地権者の権利は土地の所有権であるため、共有持分と異なり実際は放棄することはできません。つまり、土地を借地権者へ贈与するということになります。

3　建物の逆贈与

　相続対策や、リフォームのため、親所有の自宅建物を子に贈与すること
があります。前者は単に財産を移転する目的ですが、後者は親名義の自宅
建物について増改築工事が必要であるにもかかわらず、親に資金がなく、
子に出してもらうというようなケースです。

　後者のような場合、親名義のまま子が資金を出すと、増改築部分は建物
の所有者である親の所有物となります（タックスアンサー「No.4557 親名
義の建物に子供が増築したとき」国税庁ホームページ）。これを付合（不
動産に従として付合したモノの所有権は、不動産の所有者が取得するとい
う定め）といいます。そして、親に贈与税が課されることとなります。

　それを避けるため、あえて対象となる建物を子に贈与するということで
す。

　ここで自宅建物の所有権が子に移ったとしても、小規模宅地等の減額特
例の特例居住用宅地等の要件では建物の所有者を問わないため、そのこと
のみをもって、小規模宅地等の減額特例が受けられなくなることはありま
せん。

　しかし、老人ホームに入るための資金を工面するため、この土地をゆく
ゆくは売却したいという考えに変わったとします。子が同居していないと
きは、建物の所有者が実際に住んでいる親ではないので、居住用財産を譲
渡した場合の3,000万円の特別控除の特例の適用は受けられません。そこ
で、将来にそなえて、建物を親に逆贈与する方法があります。

　これにより建物の全部が親の保有となった場合、建物と同時に売った敷
地についても、この特例の対象となります。では、建物の持分の一部を親

に贈与した場合、この特例の適用を受ける敷地の範囲については 2 説あります。

①　親の家屋の持分と同じ割合について、敷地も特例の適用を受ける。

②　家屋は共有であるため、敷地については、その全部が親の居住用として使われていると考え、その全部が特例対象となる。

これについては、明確に規定する条文や通達はありません。しかし、共有の考え方からいうと②となると考えます。

なお、この建物の贈与が、特例の適用のためだけに行われたのであれば、特例の適用はありませんので注意が必要です。

4　収益物件への買換えは可能か

　収益物件への買換えにおいて、納税資金などを残しておきたい等の理由により、事業用資産の買換特例（いわゆる9号買換え）を利用できるかという疑問があります。

　個人が、事業の用に供している特定の地域内にある土地建物等（譲渡資産）を譲渡して、一定期間内に特定の地域内にある土地建物等の特定の資産（買換資産）を取得し、その取得の日から1年以内にその買換資産を事業の用に供したときは、一定の要件のもと、譲渡益の一部に対する課税を将来に繰り延べることができます。これが事業用資産の買換特例です（措法37）。

　この特例を受けたならば、売った金額（譲渡価額）より買い換えた金額（取得価額）の方が多いときは、売った金額に20％の割合（以下、この乗ずる割合を「課税割合」といいます）を掛けた額を収入金額として譲渡所得の計算を行います。

　売った金額より買い換えた金額の方が少ないときは、その差額と買い換えた金額に課税割合を掛けた額との合計額を収入金額として譲渡所得の計算を行います。

　この規定は譲渡資産と買換資産との組み合わせにより、いくつかのパターンが認められていますが、実務において特に使いやすいとされていたものが、いわゆる9号買換えというものです。なお、この規定は、現在、租税特別措置法37条1項4号に移動しており、譲渡資産と買換資産との組み合わせは次のようになります。

譲渡資産	買換資産
国内にある土地等、建物又は構築物で、当該個人により取得をされたこれらの資産のうちその譲渡の日の属する年の1月1日において所有期間が10年を超えるもの	国内にある土地等（事務所、事業所その他の政令で定める施設（以下「特定施設」といいます）の敷地の用に供されるもの（当該特定施設に係る事業の遂行上必要な駐車場の用に供されるものを含みます）又は駐車場の用に供されるもの（建物又は構築物の敷地の用に供されていないことについて政令で定めるやむを得ない事情があるものに限ります）で、その面積が300㎡以上のものに限ります）、建物又は構築物

　ところで、特定の事業用資産の買換えの場合の譲渡所得の課税の特例では、譲渡資産と買換資産は、共に事業用のものに限られます。

　この特例を貸付不動産に適用しようとする場合、その貸付事業は、事業に準ずるもの、つまり相当の対価を得て継続的に行われるものである必要があり、次のようなものでなければなりません（措通37-3（2））。

(1)　相当の対価を得ているかどうかは、不動産の貸付けなどの場合、減価償却費や固定資産税などの必要経費を回収した後において、なお相当の利益が生じているかどうかにより判断します。

(2)　継続的に行われているかどうかについては、原則として、貸付けなどに係る契約の効力が発生した時点の現況において、その貸付けなどが相当期間継続して行われることが予定されていたかどうかにより判定します。

　また、対価を一度に受け取りその後全く賃料などの対価を受けていないときは、継続的に対価を得ていることにはなりません。

　以上より、また、対象資産の規模等の要件により、収益物件への買換特例の適用は、かなり制限されることとなります。

◆著者紹介

小林 磨寿美（こばやし・ますみ）

福岡県立小倉高等学校、横浜国立大学経営学部卒業。コンピュータソフトウエア会社にてシステムエンジニアとして勤務後、税理士資格取得。

2001 年、小林磨寿美税理士事務所を開設。

東京地方税理士会税法研究所研究員、一般社団法人 FIC（税制研究所）理事、青山学院大学大学院ビジネス法学科非常勤講師。

＜主な著作＞

『税理士が知っておきたい 兄弟姉妹の相続』（清文社）

『[個人・法人 / 地主・借地人]取引主体で解きほぐす借地権の税務判断』（清文社）

『相続税申告で迷いがちな債権・債務―法務・税務の取扱いと留意点』（清文社）

『どこがどうなる⁉ 令和 3 年度 税制改正の要点解説（共著）』（清文社）

『勘定科目別 法人税完全チェックマニュアル』（ぎょうせい）

『後発的事由の税務 Q ＆ A―申告後の事情変更への対応策』（中央経済社）

『検証 判例・裁決例等からみた消費税における判断基準（共編著）』（中央経済社）

『収益認識の税務と会計の実務（共著）』（税務経理協会）

『3 訂版 修繕費・改良費及び増改築費用の税務』（大蔵財務協会）

『改訂版 実務に役立つ Q＆A中小会社における戦略的役員報酬と税務（共著）』（大蔵財務協会）

『個人間利益移転の税務（共著）』（大蔵財務協会）

『関係会社間取引における利益移転と税務（共著）』（大蔵財務協会）

『令和 3 年版 地方税Q＆A（共編著）』（大蔵財務協会）

『法人税 損失計上マニュアル』（日本法令）

『新版 検証 納税者勝訴の判決（共著）』（税務経理協会）、他多数

これからの相続不動産と税務

2022年1月31日　発行

著　者　　小林　磨寿美 ©

発行者　　小泉　定裕

発行所　　株式会社 清文社

東京都千代田区内神田1−6−6（MIFビル）
〒101-0047　電話03（6273）7946　FAX03（3518）0299
大阪市北区天神橋2丁目北2−6（大和南森町ビル）
〒530-0041　電話06（6135）4050　FAX06（6135）4059
URL https://www.skattsei.co.jp/

印刷：日本ハイコム㈱

ISBN978-4-433-72811-3